THE BOSS

더 보스(THE BOSS)

초판 1쇄 발행 2021년 5월 17일
초판 10쇄 발행 2023년 8월 21일

지은이 안규호
펴낸이 떠오름

기획 손힘찬
편집 떠오름
디자인 떠오름
마케팅 고경표, 이민지
영업관리 떠오름

펴낸곳 **주식회사 떠오름코퍼레이션**
출판등록 제 2021-000002호(2020년 4월 28일)
주소 서울특별시 서초구 강남대로 479, 비1층 122호
전화 070-4036-4586
팩스 02-6305-4923
홈페이지 www.risebooks.co.kr
이메일 tteoreum9@nate.com

값 15,500원
ISBN 979-11-970808-2-1 03190

THE BOSS

돈을 통제하라
그리고 원하는 삶을 살아라

안규호 지음

RISE

프롤로그

지금 나는 대한민국 상위 0.1%들의 공간, 대한민국에서 가장 높은 공간인 롯데타워 커피숍에서 시그니엘의 입주자 신분으로 원고를 쓰고 있다. 창밖으로 보이는 풍경, 특히나 이 기가 막히는 야경은 매일 봐도 질리지 않는다. 아니 질리는 것은 고사하고 매일 봐도 새롭고 아름답다. 내가 지불하는 가격만큼 충분한 만족감을 내게 선사한다. 이제 겨우 30대인 내가 하기에는 건방진 말이지만, 인생이라는 것은 참 재밌는 것 같다. 불과 6, 7년 전까지만 해도 나는 공원에서 밤을 지새우는 노숙자 그리고 신용불량자, 폐인이었기 때문이다.

21세기, 이제는 선진국 반열에 든 대한민국에서 이게 가능한 삶인가 싶을 정도로 비참한 삶을 살아야 했다. 정말 밥 먹을 돈이 없어서 친구에게 돈을 빌려달라고 전화를 걸었다. "야! 나 미안한데 3만 원만, 급하게 쓸 돈이 있는데 지갑을 놓고 왔어. 부탁 좀 할게." 그러면서 엄마 명의의 통장 계좌 번호를 불러줬다. 친구들 중 그 누구도 왜 엄마 명의의 통장으로 돈을 받는지, 돈을 꿔달라고 하는지, 언제까지 갚을 건지 묻지 않았다. 그것들이 더 나를 비참하게 만들었다.

돈만 없는 것이 아니라 직업도 없고 꿈도 없었다. 그리고 영혼도 없었다. 나는 그냥 잉여 인간이었다. 아들이 배가 고파서 울건 말건, 뜨거운 물이 안 나와서 커피포트로 물을 끓여 쓰건 말건 내 눈에는 아무것도 들어오지 않는다. 지금 내 눈에 보이는 것은 내 손에 쥐어진 작은 휴대폰이 전부다. 영화 '기생충'의 가족들처럼 옆집 와이파이를 몰래 쓴다. 그 와이파이로 나만의 세상 속으로 들어간다. 온종일 남의 SNS를 들여다보고 게임을 하고 BJ들의 방송을 본다. 그리고 배가 고프면 돈을 빌리고 그 돈으로 나는 술을 마신다. 마시고 웃고 또 울고 그것만이 내가 할 수 있는 전부고 내 세상이었다. 이게 29살의 내 모습이었다. 세상 그 누구도 나를 믿어주거나 응원해주는 사람이 없었다. 그리고 어느 순간 대한민국 상위 0.1% 세상의 그림자까지는 따라오게 되었다. 나의 제일 친한 친구가 말했다. "규호야 이번에 네 채널에서 영화 〈행복을 찾아서〉 리뷰 한번 해. 너는 정말 그럴 자격이 있다." 그래, 예전에 재밌게 보았던 〈행복을 찾아서〉라는 영화가 떠올랐다.

미국의 성공한 CEO '크리스 가드너'의 눈물 어린 성공기를 그린 영화다. 의료기기 영업사원이었던 그는 가난을 이기지 못하고 아들과 함께 노숙자 쉼터에서 생활하는 수준으로 전락한다. 하지만 그는 결국 그 모든 역경을 이겨내고 금융인과 CEO로서 성공한다. 나는 한때 그 영화를 보면서, '저건 옛날이었으니까 가능했지, 저건 미국이니까 가능한 이야기지.' 라고, 스스로 정신승리를 했지만, 어느덧 주변 지인들이 나를 그 영화의 한국판 주인공이라고 말하는 수준이 되었다. 물론 그만큼 가난하지도 않았고 또 큰돈을 벌고 성공하지도 않았다. 하지만 나의 모든 삶을 옆에서 지켜봐왔던 지인들이 봤을 때는 한국에서 나보다 그에 적합한 인물이 없는 것이다.

나도 힘들 때는 '지랄하네, 말도 안 돼, 거짓말이야, 허구이고 과장이야, 불가능해.'라고 생각했지만, 원하던 것들이 정말로 현실에서 이루어지고 나서야 알았다. '아! 이게 불가능은 없구나. 정말 이게 현실에서 가능하구나. 사람 인생은 정말 모르는 거구나.' 다시 한번 느낀다. 너무나 진부한 이야기라 말하기도 닭살 돋지만 이건 어쩔 수 없는 진리인 것 같다.

'포기하지 않고 노력한 이의 꿈은 언젠간 이루어질 수 있다.'라는 사실 말이다. 내 책은 엄청나게 대단한 사람의 이야기도 아니고 사람들이 바라는 기적 같은 노하우도 들어 있지 않다. 하지만 이 메시지만큼은 꼭 전하고 싶다. 내가 했으면 당신도 할 수 있다는 것. 인생은 정말 그 누구도 모른다는 것.

하루하루를 힘들게 살아가는 과거의 나와 같은 사람들에게 이 책을 바친다. 그리고 그런 사람들이 가난이라는 지옥에서 조금 더 빨리 벗어날 수 있기를 바란다. 그리고 못난 둘째 아들 키우시느라 가슴에 흉터만 남은 사랑하는 엄마와 와이프, 못난 아빠를 만난 우리 아이들에게도 이 책을 바친다.

안규호

보스의 BOTH 사고방식

부자는 가난함의 속성에 대해 왜(Why) 그런지 이해하고 어떻게(How) 해야 하는지를 알고 실행으로 옮기는 종족이다. 자신이 처한 부정적인 상황에 대해서 한탄만 하며 머뭇거리거나 맹목적으로 부를 거머쥐고 싶다며 노동에만 몰두하지 않는다. 이유를 파악하고 방법을 찾아 실행에 옮긴다. 한 가지에만 몰두하는 것이 아니라 두 가지(BOTH)의 본질에 집중한다.

가난한 사람이 계속 가난해질 수밖에 없는 이유는 자신의 가난함이 어디서부터 비롯됐는지 이해하려고 들지 않기 때문이다. 가난함에서 벗어날 수 있는 사람은 자신이 처한 상황을 이해하고 원인(Why)을 파악한다. 그리고 앞으로 내가 해야 할 것들(How)이 무엇인지를 파악하고 행동으로 옮긴다. 가난함과 부자의 양면성을 이해하는 자가 삶의 주인이 되어 살아간다.

당신은 1%의 사람이 될 것인가? 99%의 사람이 될 것인가? 선택하라. 당신이 자본주의의 포식자가 될지 아니면 먹이가 될지 말이다.

차례

1장

당신의 목표를 결과로 증명하라

2장

발상의 전환을 통해 의식을 확장하라

3장

나의 환경을 조정하고 바꿔라

4장

나의 정체성을 설정하라

5장

0과 1의 차이

당신의 모든 기준을 올려라.

꿈, 인생, 목표, 노력, 성장

그 모든 것을 바꾸는 순간

그 기준에 맞춰 살게 될 것이고

그 기준이 당신의 인생을 바꿔줄 것이다.

- 안규호 -

1장

당신의 목표를 결과로 증명하라

WHY 가치는 노력하면 된다는 생각만으로는 측정할 수 없다. 결과물도 중요하다.

HOW 나의 모든 노력을 어떤 결과물로, 어떻게 증명할 것인가. 이를 한 문장으로 정의해보라.

01

스물아홉
나는 부자가 되기로 결심했다

어두컴컴한 원룸, 그 안에서 유일하게 빛나는 TV, 퀴퀴한 담배 냄새와 가득 쌓여 있는 재떨이, 그리고 방 한구석 널려 있는 소주병, 나는 혼자 침대도 없는 방구석에 누워 휴대폰의 작은 화면 속에서 살고 있다. 내가 사는 세상은 세계 10대 경제 강국 대한민국이 아니라 이 휴대폰의 온라인 공간 속이다. 현실은 비참했고 온통 나를 무시하는 사람들, 가르치고 충고하려는 인간들뿐이지만 이곳은 다르다. 여기서는 내가 되고 싶은 사람이 될 수 있고 나를 반겨주는 사람들과 위로해주는 사람들만 존재한다. 이곳은 시간과 정신의 방이다. 한 시간이 10분처럼 사라진다. 그리고 배가 고프면 라면을 먹으면서 소주를 마신다. 샤워한 지가 언제인지 기억도 나지 않는다. 하지만 고통스럽거나 죄책감을 느끼진 않는다. 이게 내가 사는 세상이고 내가 할 수 있는 전부니까 말이다.

17살 고등학교를 자퇴했다. 유치하게 가난해서 학교를 그만두었다고 핑계 대고 싶지는 않다. 어차피 공부에는 취미도 없었고 그 길로 나갈 생각도 없었다. 어머니가 하던 사업이 부도가 났다. 학교에서 매번 전교 1등을 해서 서울대 입학을 복전에 뒀던 우리 형도 학교를 그만두고 돈 벌러 나간다는데, 사실 나야 뭐 당연한 선택이었다. 자퇴서를 내러 학교에 가니까 담임선생님이 이렇게 말씀하셨다.

"잘 생각했어. 서무실가서 등록금 남은 거 받아 가, 사회 나가서 열심히 살고."

지금 생각해보면 참 특이한 선생님이다. 아무리 내가 싫어도 그렇지 학생이 학교를 그만둔다는데 일말의 위로도 없었다. 나는 그때부터 사회로 나갔다. '나는 부자가 되겠다.' 그때 결심했다. 그 시절 썼던 내 휴대전화 번호 뒷자리가 2013이었다. 2013년 29살이 되는 해까지 현금으로 10억을 모으겠다는 의미였다. 열심히 일하고 착실히 돈 모아서 성인이 되면 장사를 해야지, 좋은 차에 좋은 집, 탄탄대로를 달려야지, 그런 꿈을 꿨다. 그때로부터 12년이 지났는데, 17살, 중국집에서 살던 그때보다 못한 인생을 살게 되었다. 그동안 나름대로 쉬지 않고 열심히 일했는데 말이다. 서른 살이 되면 정말 멋진 인생을 살 줄 알았는데, 참 개떡 같은 현실이었다. 직업도 없고 돈도 없다. 빚만 3억이 넘는다. 채권자들은 매일같이 돈을 갚으라고 찾아온다. 학력도 낮고 할 줄 아는 것도 없으며 기술도 없다. 이래서 어른들이 '기술 배워라'했던 것 같다. 그래도 기술은 남으니까.

'죽고 싶다.' 그때 내 머릿속에는 '자살'이라는 단어밖에 떠오르지 않았다. 하루에도 열두 번씩 자살을 생각한다. 그런데 죽지 못한다. 그럴 용기도 없고 스스로 목숨을 끊을 만큼 고통스럽지는 않았다. 사람마다 다르고 성향에도 차이가 있겠지만, 나는 몇 번씩 자살을 시도하고 결국에는 그 모든 것을 이겨내고 다시 성공했다는 사람들의 이야기를 아직도 믿지 않는다. 한 번 멘탈이 박살 나보니 자살조차 시도하지 못하겠더라. 그냥 생각만 할 뿐 행동은 하지 못한 채 그냥 멍하니 숨 쉬어지는 대로 그냥 그렇게 살아갈 뿐이었다. 유일하게 내가 죽을 수 있는 방법은 미친 듯이 술을 퍼마시고 다음 날 눈을 뜨지 못하게 되는 것뿐이었다. 그렇게 몇 개월이라는 시간을 흘려보냈는지 모르겠다.

그러던 어느 날이었다. 술이 덜 깬 채로 머리를 쥐어짜며 잠에서 깼다. 머리는 깨질 것 같고 갈증에 목은 타들어 갈 것만 같았다. 그렇게 뒹굴고 있는데, 가만 보니 돌도 안 된 아들이 나를 멍하니 바라보고 있는 게 아닌가. 웃지도 울지도 않고 그냥 멍하니 나를 보고 있었다. 아이 눈에 비친 내 모습이 보였다. 지금 내 아들은 나를 보며 무슨 생각을 할까? 정신이 번쩍 들었다. 화장실로 달려가 거울을 봤다. 초점 없이 퀭한 눈, 푸석푸석한 피부와 술에 절어 새까매진 얼굴.

'도대체 나는 누구일까? 왜 살아가고 있는가?'

'아니, 이렇게는 계속 살 수 없어. 더 이상 이렇게 살고 싶지 않아. 죽고 싶은 게 아니라 살고 싶어.'

정신을 차려야 했다. 도시가스가 끊겨 뜨거운 물이 나오지 않았다. 찬물로 샤워를 했다. 그리고 옷을 입고 거울 앞에 다시 섰다. 그리고 다짐했다. '나는 부자가 되겠다.'라고. 돈을 벌어 성공하겠다 다짐했다. 나는 곧바로 일자리를 찾기 위해 집을 나섰다

02

인생은 모르는 거다

날 봐, 인생 모르는 거야!

한 맥주 광고에서 월드 스타 '싸이' 씨가 한 말이다. 대마초 흡연 혐의의 전과자, 엽기 가수에서 전 세계를 열광시킨 월드스타가 된 싸이. 그보다 이 말이 어울리는 사람이 또 있을까 싶다. 그리고 나 역시 이 말을 믿는다. 인생은 모르는 거라는 말.

미성년자 시절부터 쉬지 않고 일했다. 중국집 배달부로 시작한 사회생활은 성인이 된 뒤 유흥주점의 웨이터 생활로까지 이어졌다. 워낙 일은 열심히 하는 성격이라 웨이터 시절 제법 돈을 벌었다. 한 달에 팁이랑 월급을 합치면 사오백은 되는 것 같았다. 그리고 군대를 갔다. 군대에서 나는 관심병사였다.

어렸을 때부터 자유분방하게 자라서인지 군 생활이 참 힘들었다. 유일한 피난처가 도서관이었다. 부대 안에서 그곳이 사람이 가장 적은 곳이었으니까. 자연스레 책을 많이 읽었다. 책을 읽다 보니 멋지게 살고 싶어졌다. 예전에는 지하에 룸살롱이 있는 모텔 사장이 꿈이었지만, 전역하고 나서도 다시 밤일을 하고 싶진 않았다. 조금 더 떳떳(?)하게 살고 싶었다. 사회에 나가서 뭘 하면 부자가 될 수 있을까? 고민하고 또 고민했다.

'돈을 벌려면 영업 아니면 창업이다'라고 결론을 내렸고 영업전선에 뛰어 들었다. 몇 달 고생하긴 했지만 금방 영업으로 돈을 벌었다. 24살에 지점 일등이었다. 내가 처음 일등을 찍은 달부터 퇴사하는 날까지 나보다 돈을 많이 번 직원은 없었다. 그때부터 건방이 하늘을 찔렀다고 해야 할까.

돈을 좀 벌기 시작하니까 더 멋지게 살고 싶었다. 그 당시만 해도 드라마 속 남자 주인공은 다 레스토랑 사장이던 시기가 있었다. 그래서 나도 레스토랑을 차리기로 했다. 그렇게 영업을 그만두고 레스토랑을 창업했다. 이자카야, 해산물 전문점까지 나름대로 일찍 성공한 청년 CEO로 동네에서 이름을 좀 날렸다. 그때부터였다. 같잖은 성공에 취해서 사람들과 어울려 다니며 돈을 쓰기 바빠졌다. 그날의 하루 매출이 모두 내 순수익이라도 되는 것 마냥 돈을 써댔다. 20대 중반에 매일 고급 술집을 드나들면서 술을 퍼마셔댔다. 온갖 허세를 부리며 직원들의 시급 500원 올려주는 것은 쩔쩔매면서 알지도 못하는 술집 도우미들에게 팁을 뿌려댔다. 장사가 제법 되는 매장들을 가지고 있었지만 회계가 뭔지 경영이 뭔지 하나도 알지 못했다. 그리고 알려고 하지도 않았다. 부끄러운 과거였다. 돌이켜보면 정말 막 살아도 이렇게 막 살 수가 있나 싶을 정도로 막 살았다. 덕분에 요식업으로 뛰어든 지 3년 만에 영업으로 번 돈을 모두 날리고 3개였던 매장도, 차도 모두 날렸다. 그리고 3억이 넘는 빚더미에 앉게 되었다.

나는 대한민국에서 가난을 지옥이라고 말하고 싶다. 가난보다 더 고통스럽고 슬픈 일이 또 있을까 싶을 정도로 괴로운 삶이었다. 그리고 몇 년 만에 모든 빚을 청산하고 전보다 훨씬 더 멋진 삶을 살게 되었다. 내가 망하게 될 줄은 꿈에도 몰랐고 내가 전보다 훨씬 더 멋진 삶을, 아니, 멋진 것을 떠나서 상위 1%의 삶을 살게 될 줄은 더더욱 몰랐다. 정말 사람 인생은 모른다는 것이 정답이다.

과거는 현재이고 현재는 미래이다

이 말은 모두가 알고 있을 것이다. 내가 지옥으로 떨어진 것은 나의 과거에 대한 증명이다. 그리고 다시 일어날 수 있었던 것은 당시의 현재에 충실했던 것의 증명이었다. 어떤 방식으로든 그 사람이 어떻게 살아왔는지를, 삶이라는 것이 증명한다고 한다. 그래서 우리는 살아있는 하루하루에 최선을 다해야 하는 것 같다. 그리고 인생은 어떻게 될지 아무도 모르는 것이다. 그저 현재에 충실해야 한다. 아무리 힘들고 괴롭다고 해도 현실 앞에서 좌절하고 주저할 필요가 전혀 없는 것 같다. 사람의 인생은 어떻게 될지 아무도 모르는 것이니까 말이다.

당신이 이루고 싶은 꿈과 미래만을 생각해라.

꿈을 위해 끊임없이 달려라. 현재는 중요하지 않다.

지금 당신이 보내고 있는 지금 이 순간이

결국 당신의 미래가 된다.

포기하지 마라. 움직여라. 도전하고 노력하라.

정말이지 한순간도 의심하지 말고 포기하지마라.

인생은 모르는 거니까!

03

노력은 설명하는 것이 아니라 증명하는 것이다

나는 원고를 쓰면서 에세이를 쓰는 다른 몇몇 작가들처럼 '당신은 사랑받기 위해 태어난 사람이야', '넌 잘하고 있어', 이렇게 말하고 싶지 않다. 혜민스님처럼 따뜻하고 포근한 말을 해줄 만큼 많이 배우지도 못했고 유한 성격도 아니다. 그런 따스함을 원했다면 지금 내 책은 덮는 것이 맞다고 본다. 게다가 때마침 이 원고를 탈고하는 지금 혜민스님은 엄청난 논란을 가져왔고 자숙 중이다. 그걸 보면서 또 생각했다. '그래, 역시 저런 따뜻한 말은 거짓말이야.'라고 말이다.

그저 내가 유튜브에서 누누이 이야기했듯이, 이가 부서질 정도로 이 악물고 앞으로 전진하라고 말하고 싶다. 한 순간도 방심하지 말고 끊임없이 성장하라고 말하고 싶다. '열심히 했다. 최선을 다했다'고 말하지 마라. 사람마다 기준이 다른 것이다. 스스로의 기준에서는 최선을 다했다고 생각할지 모르지만 남들이 볼 때는 전혀 그렇지 않다. 스스로 최선을 다했다고 생각하는 건 의미가 없다. 다른 사람 눈에 그렇게 보여야 한다. 그러려면 '나도 열심히 최선을 다해서 노력했다'가 아니라 그저 혼신을 힘을 다해야 한다. 그래야 성공할 수 있다. 내가 가르치는 수강생들이 나에게 가장 많이 하는 얘기 중 하나가 '저는 절박합니다. 저는 정말 열심히 노력하는데 왜 안 될까요.'이다. 그런데 내가 볼 때는 전혀 그렇게 느껴지지 않는다. 저게 진짜 절박한 사람의 모습인지, 노력하는 사람의 모습인지 전혀 모르겠다. 100명을 가르치면 그중에서 저 사람은 정말 열심히 하는구나, 도와주고 싶다, 그런 느낌을 주는 사람은 채 10%가 되지 않는다. 5% 정도다. 절박함이라는 단어의 뜻을 모르는 건지 아니면 본인은 정말 그렇다고 생각하는지 모르겠다. 내가 아는 지인 중 한 명은 만날 때마다 매번 같은 이야기를 한다.

"아. 피곤해 죽겠어. 어제 3시간밖에 안 잤어, 일하느라 너무 힘들어. 나는 밤낮없이 24시간 일해."

자신이 얼마나 열심히 살고 있고 얼마나 힘든 일들을 하고 있는지 사람들을 만날 때마다 구구절절이 설명하기 바쁘다.

도대체 뭘 위해서 그렇게 말하는지 모르겠다. 사람들이 그 이야기를 들을 때마다 '그래, 넌 정말 대단한 사람이야. 너무 성실한 사람이야, 최고야, 힘내.' 뭐 이런 말을 듣고 싶은 걸까? 내가 보기엔 그 사람이 이야기할 때 아마도 그 사람의 노력에 대해서 '정말 대단하다' 하고 생각하는 사람은 크게 없는 것 같다. 그냥 사람들에게 따뜻한 위로와 자기가 얼마나 열심히 사는지 자랑을 하고 싶어서 안달이 난 것 같다. 그리고 뒤 이어서 바로 나오는 레퍼토리가 있다. 그렇게 열심히 사는데 한 달에 500만 원도 못 벌고 결국 돈의 노예로 산다는 이야기이다.

노력은 설명하는 것이 아니라 증명하는 것

나의 인생 좌우명이다. 노력을 증명하는 사람은 그렇게 구구절절 떠들지 않아도 사람들이 저절로 안다. 그 사람이 얼마나 노력했는지 말이다. 하루에 3시간을 잔다? 근무시간에는 제대로 집중 안 하고 끊임없이 휴대폰 만지다가 저녁 늦게는 영업이라는 핑계로 사람들과 만나서 술자리를 즐긴다. '일이다. 인맥이다. 관리다.' 매번 새로운 이유로 시간을 낭비한다. 그렇게 3시간 자는 것이 자랑할 일인가. 그 사람의 말대로 정말로 매일 3시간 4시간씩 자면서 일에만 집중한다면 돈을 못 버는 것이 이상한 거 아닐까?

최저시급 8,590원(2020년 기준)으로 하루에 18시간 일한다고 가정하면 한 달이면 4,638,600원이다. 그럼 그 사람은 나라에서 정한 최저시급만도 못한 노동력으로 자신의 가치를 만들고 있다는 것이다.

정말로 노력하고 있는 것일까?

노력하는 척하고 있는 것일까?

당신이 노력하는 이유는 성공하고 싶어서인가?

성공한 척 보이고 싶어서인가?

정말 세 시간을 자면서 일을 했다면 무슨 일을 했는지 증명할 수 있어야 하는 것이다. 그 시간에 설렁설렁 시간을 때웠다면 그것은 노력한 것이 아니라 그냥 논 것이고 시간을 허무하게 낭비한 것일 뿐이다.

성장하는 모습으로 그리고 성과로 또 현실로 당신의 노력을 증명하라. 증명할 수 없다면 그것은 아무것도 하지 않는 것과 똑같은 의미이다.

04

자본주의 사회에서 패배는 고통이다

내가 꿈꾸는 살기 좋은 세상이란 자신의 분야에서 묵묵히 일하는 사람들이 돈 걱정 없이 행복하게 사는 세상이다. 서빙을 하건 편의점 알바를 하건 3D 업종에서 일하는 사람이건, 특별히 머리를 쓰지 않고 욕심을 부리지 않아도 최소한의 돈 걱정은 없이 사는 세상에서 살고 싶다. 나중에 우리 아이가 어떤 일을 하건 본인이 하고 싶은 일을 행복하게 하면서 살 수 있는 세상. 그러나 자본주의 사회가 그렇게 아름다울 수 있겠는가! 우리는 자본주의라는 살벌한 세상에서 살고 있음을 명심해야 한다.

내가 게임을 하다가 졌다고 해서 벌을 받진 않는다. 그냥 이기지 못한 것이고 다시 하면 된다. 하지만 사람들이 사는 이 세상, 자본주의 세상은 다르다. 사회의 축소판이라는 학창 시절과 군대만 봐도 쉽게 알 수 있다. 힘이 없고 말귀를 잘 못 알아먹는다는 이유만으로 괴롭힘의 대상이 되고 또 당하고 사는 것이 일상이 된다. 사람들은 자기보다 힘없는 사람들을 괴롭히고 이용하려고 한다. 자본주의 사회에서는 경쟁에서 패배하는 순간 가난이라는 끔찍한 벌을 받게 된다. 사람들은 본인의 욕망을 위해서 만족하지 않고 끊임없이 움직인다. 가진 사람들이 더 많이 갖기 위해서 자신들이 가진 자본과 권력을 이용해 더 쉽게, 더 많은 자본을 가져가는 것이 현대사회다.

가진 것도 배운 것도 없는 나 같은 사람들에게 가난이라는 현실은 지옥 그 자체였다. 물론 '나는 한 달에 이삼백만 벌고 워라벨 하면서 즐기면서 살 거야.' 이렇게 말하는 사람들에게 적용되는 이야기는 아니다. 지금은 최저시급만 받고 살아도 누구나 200만 원은 벌 수 있는 세상이 되었다. 하지만 나처럼 가진 것도 할 줄 아는 것도 없이 욕망만 가득한 사람들에게 가난은 지옥 그 자체였다.

나는 주기적으로 서점에 가고 책을 사는 것에 돈을 아끼지 않는다. 독서가 유일한 취미이고 책을 읽는 것이 나를 성장시킨다고 생각하기 때문이다. 그런데 유독 에세이는 끝까지 읽지 못하고 중간에 덮어 버린다. 지금 시점에서도 나에게 에세이는 사치라고 생각되기 때문이다. 많은 에세이가 '그래 괜찮아! 네 탓이 아니야!'라는 메시지를 전하는 것 같다. 하지만 적어도 내가 살아온 세상은 나 혼자서 괜찮아 한다고 되는 세상은 아니었다. 물론 사람들에게 나처럼 지독하고 치열하게 살라고 강요할 생각은 없다. 절대 쉬운 일은 아니다. 하지만 자본주의 사회에서 가난이라는 벌을 받고 싶지 않다면, 그리고 성공하고 싶고 명예와 부를 가지고 싶은 사람들에게는 나보다 더 치열하고 지독하게 살라고 말하고 싶다. 지금의 나는 전혀 돈 욕심을 부리지 않고, 그냥 하고 싶은 것을 자유롭게 하면서 살고 있다. 물론 나만의 기준이기는 하나 연봉이 4, 5억만 되면 세상은 정말 살만해지는 것과 같다. 그런데 그것보다는 많이 벌고 있으니 정말 이보다 세상이 행복할 순 없다.

'돈이 깡패다'라는 말을 모르는 사람이 있을까? 그리고 내가 돈을 벌게 되니 정말 돈이 깡패라는 사실을 체험하고 또 체험하게 된다. 그러고보니 나보다 10배, 100배 더 버는 사람들에게는 돈이라는 녀석이 얼마나 더 많은 것들을 누리게 해줄지 상상조차 할 수 없다.

가난하다는 이유로 사람들에게 무시당하는 것이 일상이었다. 겨울에 도시가스가 끊겨 커피포트로 끓인 물로 아이를 씻겨야 했고 파카를 입은 채로 잠들어야 했다. 아이가 갖고 싶어 하는 장난감을 한 번도 사주지 못했다. 엄마의 생일날 밥 한 끼 살 돈이 없다는 것이 너무 자존심이 상해서 가족모임에 참석조차 하지 못했다.

하지만 돈을 벌기 시작하니 제일 친한 친구가 영업을 시작하자마자 회사에서 일등이 될 수 있게 만들어 주었다. 시골에 보일러도 돌아가지 않는 조립식 주택에서 사시던 어머니에게 34평짜리 아파트를 선물하고 예전 나의 드림카였던 BMW 5 시리즈를 선물했다. 일흔이 넘도록 경차를 타는 장인어른에게 세단을 선물하고 가족들의 해외여행 경비를 전부 내준다. 전세 잔금을 치르지 못해 계약금을 날릴 뻔한 친구를 구해주고 내가 좋아하는 사람들에게 좋은 곳에서 즐거운 시간을 선물한다. 돈은 내가 사랑하는 내 주변 사람들을 풍요롭고 행복하게 만들어 주는 좋은 녀석이다. 예전처럼 사람들에게 잔소리를 듣거나 내 걱정을 듣지 않아도 된다. 내 걱정을 대놓고 살벌하게 해주던 사람이 이제는 식전 기도를 할 때 가장 먼저 날 위해서 기도해 준다. 참, 돈이라는 녀석이 가진 힘은 어마어마하다고 느꼈다. 더 이상 돈 때문에 슬퍼할 일이 없다는 것이 너무 행복하다. 그런데도 이 자본주의 사회에서 '괜찮아, 네 탓이 아니야, 수고했어, 지금 그대로 사랑스러워.' 라고 이야기할 수 있을까?

에세이 작가들 중에 본인의 비즈니스로 성공한 사람은 거의 없다. 대부분 사람들의 공감을 얻는 작가로 성공해서 돈을 번 케이스들이지 비즈니스로 돈을 번 사람들이 아니다. 그리고 그 사람들의 비즈니스는 힘들어 하는 사람에게 듣기 좋은 말을 해주고 돈을 버는 것이다. 힘들어서 포기하고 싶어 하는 사람에게 '그래 힘들면 조금 쉬어도 돼.' 가난이라는 현실에서 고통스럽게 사는 사람에게 '괜찮아, 네 탓이 아니야!' 이런 말을 해주고 돈을 번다. 그래서 나는 몇몇 에세이 작가들을 싫어한다. 그리고 이번에 혜민스님 사태가 그것을 절실하게 보여줬다. 남들을 멈추게 하고 자신은 끊임없이 달렸다. 다른 사람들에게 무소유를 외쳐서 본인은 '풀(FULL) 소유'를 했다. 정말 모순적인 사람들이 너무나 많다. 상식적으로 힘들어서 포기하고 싶어 하는 사람에게 포기를 종용하는 것이 정상적인 행동일까? 가난에 시달리며 하루하루 힘들게 살아가는 사람에게 '네 탓이 아니야!'라고 말하는 것이 정상적인 것인가? 그럼 누구 탓이지? 사회 탓, 못난 부모 탓, 지인 탓, 도대체 누구를 탓해야 답을 찾을 수 있는 걸까?

남들에게 포기를 종용하고 듣기 좋은 말로 돈을 버는 사람들. 이런 말도 안 되는 말을 마구잡이로 쏟아내고 유튜브와 서점에서는 따뜻함으로 포장된 콘텐츠들이 넘쳐흐른다. 물론 사람마다 다르다. 힘들면 쉴 수 있다. 위로가 필요하고 따뜻한 위로로 더 일어서는 사람이 있다. 그런데 나는 아니다. 가난이라는 지옥을 이겨낸 사람들과 기업으로 성공한 사람들을 만나봐라. 그렇게 따뜻하게 말하는 사람이 단 한 명이라도 있는지. 이 악물고 가루가 될 때까지 달려야 이 사회에서 성공할 수 있다는 것을 지독하게 경험한 사람 입에서는 절대 나올 수 없는 이야기다.

인생에 정답은 없다. 스스로 어떤 인생을 사느냐는 각자의 선택이다. 소박한 행복을 꿈꾸는 사람이라면 항상 즐거운 마음, 밝은 마음으로 욕심 없이 사는 것이고 나처럼 욕심은 많고 가진 것도 할 줄 아는 것도 없는 사람이라면 성공을 위해서 이가 다 부서질 때까지 이 악물고 성장하기 위해 미친 듯이 달리길 바란다. 그래야 겨우 이 지옥 같은 곳에서 탈출할 수 있을 테니까.

05

부에 다가가는 사람과 부에서 멀어지는 사람들의 특징

29살에 모든 사업체를 말아먹고, 먹고 살기 위해서 휴대폰 판매사가 되었다. 돈이 없으니까 사람들에게 무시당하는 것이 일상이 되었다. 안규호가 아니라 폰팔이라는 이름으로 불렸다. 정신 못 차리고 술만 먹고 다닌 것도 사실이지만 지인들은 나를 대놓고 무시하며 잔소리를 했다. 한 선배는 일당 10만원을 준다면서 놀지 말고 본인 예비군 훈련이나 대신 가라고했고 나의 친구는 처음 보는 나의 여자 친구를 앞에 두고 정신 똑바로 차리고 살라며 무시 가득한 충고를 했을 정도였다.

휴대폰 판매사를 그만두고 경영컨설팅을 할 거라고 하니까 어디 말도 안 되는 사기꾼 집단 들어가지 말고 성실히 판매

사나 하라고 사람들은 말했다. 처음으로 책을 쓴다고 했을 때 사람들은 나를 비웃었다. 아주 크게 웃었다. 내 주변 사람들은 한 번도 내게 '대단하다, 넌 특별한 사람이야, 넌 할 수 있어, 너니까 할 수 있는 일이야.'와 같은 말을 하지 않았다. 나의 도전과 노력은 걱정으로 포장된 부정의 대상, 그리고 사람들의웃음거리로 전락했다. 특히 처음 책을 쓴다고 했을 때는 정말 많은 사람의 웃음을 샀다. 다른 사람들에게 희망을 줄 수 있는 강의를 한다고 했을 때도 마찬가지 였고 내가 하나씩 일을 성공시켜나가고 돈을 벌기 시작하자. '참, 재는 재수도 좋아, 어쩌다 걸린 거지. 저거 오래 못 가.' 이렇게 바뀌었다. 시간이 지날수록 보잘것없었던 나의 연봉은 1억, 3억, 5억, 10억까지 계속해서 올라갔고 내가 쓴 책은 경제경영 분야의 베스트셀러가 되었다. 그리고 백프로 장담은 못 하지만 아마도 내가 혼자서 사용하는 단독 강의장으로는 우리나라에서 가장 비싼 강의장을 갖게 되었다. 최근에는 유튜브까지 도전했고 만족할 만한 성공을 거두었다. 그러자 지금은 사람들이 나를 대하는 태도와 나를 보는 시선이 완전히 달라졌다. 지금은 내가 뭘 하든 간에 '그건 (안)대장님이니까 할 수 있는 거죠, 넌 머리가 좋으니까, 똑똑하니까.'로 바뀌었다. 불과 2~3년 만에 나는 무슨 명약을 먹고 머리가 미친 듯이 좋아진 건가, 언제부터 난 이렇게 대단한 사람이 되었는가! 웃길 때가 많다. 사람들은 모른다. 나에대해 쉽게 생각나는 대로 내뱉는 것이 얼마나 남의 인생과 노력에 대해 무책임한 행동인지를 말이다.

사람들은 오랜 시간 동안 하나씩 쌓아 올린 나의 노력과 도전들을 모른다. 그것을 이루어내기 위해서 극복해야 했던 시련과 어떨 때는 좌절했던 수많은 역경, 많은 것들을 포기하고 성공을 위해서만 달렸던 고통의 시간은 모두 무시한 채로 현재의 나의 성공만을 보고 운이라고 말한다. 또 지금은 그냥 나는 원래 대단하고 똑똑한 사람이라서 되는 것이라고 말하는 사람들이 생각보다 많다. 한 사람이 무엇을 도전하여 성공하기까지 얼마나 많은 생각과 노력, 고난과 포기의 고통이 있었는지는 전혀 생각하지 않는다. 그러면서 자신은 부를 얻고 성공하기를 바라는 것인가. 어처구니없는 행동이다. 부자가 되고 싶다면 거기에 먼저 간 사람이 어떻게 갔는지를 생각해라. 그 사람이 거기까지 가기 위해서 얼마나 치열하고 처절하게 노력했는지를 생각해라. 그리고 본인도 그만큼 아니 그보다 더 처절하고 치열한 고통을 이겨낼 수 있다면 그때 부자를 꿈꿔라. 지금 당장 그 사람이 가진 찬란한 것들만을 생각하지 말고 말이다. 당신이 성공한 사람의 노력과 열정을 이해하고 존경할 수 있을 때, 비로소 그들과 함께 그 길을 걸어가게 되고 당신의 꿈은 더 빨리 이루어질 것이다.

어떤 사람들은 누가 돈 벌었다는 이야기만 나오면 '그거 다 사기야, 뻥이야, 걔가 뭘 하겠냐! 다 부모가 해주는 거지.' 사사건건 부정적인 이야기만 하고 아무것도 배우려고 하지 않고 들으려고 하지 않는다. 그런 사람들이 바라는 것은 모든 사람이 같이 시궁창에서 뒹굴기를 바라는, 모든 인간의 하향평준화일 뿐이다.

시기와 질투, 열등감에 눈이 멀어 다른 이들의 노력과 삶에 대한 증명을 부정하고 왜곡해서 무너뜨리려고 할 때, 당신도 그만큼 무너지게 될 것이며 당신은 그들의 세상으로 절대로 들어갈 수 없게 될 것이다.

06

내가 부자가 되어야 하는 이유

나는 중학교 때부터 지금까지 단 한 가지 목표를 위해서 살고 있다. 그것은 바로 '부자'가 되는 것이다. 나처럼 생각하고 사는 사람이 꽤 많을 것이라고 본다. 자본주의 세상을 사는 우리에게 당연한 것이기도 하지만 또 한편으로는 조금 슬프기도 한 현상이라고 생각한다. 아무런 목표 없이 막연히 부자가 되길 꿈꾸는 것은 참 어려운 것이니까 말이다. 어쩌면 불가능하게 느껴지기에 부자들이 더욱 더 빛나 보이는 세상이 됐는지도 모르겠다. 불가능해 보이는 단 한 가지 꿈을 향해 죽어라 달렸다. 그리고 어느 순간 내 꿈이 조금씩 이루어지고 있다는 것을 느끼고 있다. 나는 지금 내가 부자라고 생각한다. 물론 100억대 자산을 형성한 사람은 아니지만, 좋은 집에서 좋은 차를 타고 경제적으로 아주 여유 있게 살고 있기 때문이다. 돈으로 부자를 따진다면 100억 부자도 1,000억 부자가 볼 때는 부자로 볼 수 없을 것이다. 그렇기에 나는 지금 내 현재 상황에 너무나 만족하며 살아간다. 그래서 나는 부자다.

나는 내 꿈을 이루어 낸 것이 스스로 너무 자랑스럽다. 왜냐하면 나에게는 꼭 부사가 되어야 할 이유가 있었기 때문이다. 초등학생 때부터 어머니는 나와 형을 혼자서 키우셨다. 뭐 부족한 집은 아니었지만 나는 엄마 얼굴을 별로 보지 못하고 자랐다. 초등학교 때 개근상을 받아 본 적이 없다. 어머니는 항상 일찍 출근, 늦게 퇴근하셨다. 아침에 나를 깨워주는 사람이 없었기 때문이다. 덕분에 나는 초등학교 시절부터 너무나 자유롭게 학교를 다녔다. 선생님이 전화를 해도 엄마가 받을 수 있는 상황도 아니었다. 우리 어머니는 자식 둘 키우느라 지독하게 고생하셨다. 우리는 가족 여행을 단 한 번도 가본 적이 없다. 서로 일만 하면서 살았다. 처음으로 가족 여행을 간 것이 불과 4년 전이었다. 가족끼리 여행 한 번 가본적 없다는 것은 생각할수록 안타까운 일이다.

거기에 이 못난 막내아들은 보통 망나니가 아니었다. 어린 나이에 돈 벌겠다고 사회로 뛰어들었고 온갖 사고란 사고는

다 치고 다녔다. 그때는 몰랐지만 지금은 내가 자식을 키우는 입장에서 예전에 나를 돌이켜 보면 이건 인간이 아니다. 내가 하고 다니는 행실을 보는 우리 어머니 마음은 어땠을까 싶다. 나는 어머니 가슴을 갈기갈기 다 찢어놨던 것이다. 거기에 나를 불쌍하고 한심하게 바라보는 주변 사람들과 친인척들의 시선을 어머니는 과연 몰랐을까? 그랬을 리 없다. 나를 감싸주고 보호해주시느라 본인도 너무나 힘드셨을 것이다.

나는 그 모든 것들로부터 벗어나고 어머니의 인생을 보상해 줄 길이 돈밖에는 없다고 생각했다. 그래서 더 열심히, 더 악착같이 벌어야 했다. 성인이 되어서는 그래도 연봉 일억은 넘을 정도로 제법 돈을 벌었다. 하지만 겨우 그 정도 연봉으로 부자 행세를 하고 허세를 떨고 다니니 그 기쁨은 오래 가지 못했다. 일찍이 아이를 가지면서 결혼식도 못 올리고 함께 살게 되었다. 하지만 그 역시 오래 가지 못했다. 경제적으로 완전히 무너져 내렸고 그럼에도 불구하고 정신 못 차리고 밖으로 나돌았다. 일주일에 절반 이상은 술에 취해 있었다. 아이들은 아버지 없는 자식이 되었고 경제력 없는 엄마와 허름한 원룸에서 하루하루 버티면서 살게 되었다. 내 삶은 모든 부분에서 최악을 향해 달렸다. 지옥행 급행열차처럼 브레이크 없이 추락했다. 이제 장기만 팔고 죽으면 최악 삼류영화의 마침표였다. 그러다

한 여자를 만났다. 지금의 와이프다. 나는 이 사람이 정말 좋았다. 이 사람 앞에서는 멋진 사람이 되고 싶었다. 멋진 사람이 되고 싶어 무던히 노력했다. 무너진 나를 일으켜 세우기 위해서 최선을 다했다. 그런데 마음처럼 되지 않았다. 오히려 이 사람은 나를 만난다는 이유로 손가락질을 받아야 했다. 이 사람을 처음 보는 나의 친한 친구는 나와 와이프를 바로 앞에 두고는 '야! 적당히 좀 해라.'하고, 벌레를 보는 듯한 눈빛으로 내게 말했다. 충격적이었다. 그래 봐야 겨우 휴대폰 팔면서 먹고 사는 친구가 나를 깔봤던 그 눈빛을 잊을 수가 없다. 거기에는 와이프의 후배까지 있었다. 와이프는 당황해서 얼굴이 빨개졌고 나 역시 너무나 당황해서 사태를 수습하지 못하고 그냥 그 자리를 떠났다.

나를 감싸고 있는 내가 사랑하는 모든 사람들이 나라는 존재 하나로 모두 욕을 먹고 손가락질을 당하고 있다는 사실을 그때 뼈저리게 깨달았다. 나는 친구에게 치욕을 당한 날, 한숨도 잠을 이루지 못했다. 분노와 치욕으로 몸이 부들부들 떨렸다. 성질 같아서는 그 친구를 죽여 버리고, 세상 사람 다 죽여 버리고 나도 죽어버리고 싶었다. 하지만 그렇게 한다고 뭐가 끝나겠는가. 게다가 그나마 버는 돈 족족 애들 양육비로 보내서 겨우 애들이 살아가고 있다는 걸 누구보다 잘 알고 있었다.

내가 돈을 벌지 못하면 우리 아이들을 경제력 없는 아이들 엄마에게 맡기고 떠날 수밖에 없었다. 나만 사라지면 끝날 것 같은데 사라질 수도 없고 그럴 용기도 없다. 그리고 나 때문에 상처받은 사람들에게 모두 보상해주고 싶었다. 그리고 마지막으로 돈을 벌어서 나를 무시했던 모든 사람들에게 복수하고 싶었다. 그것도 아주 철저하게 무시와 괄시를 통해서 복수하겠다고 생각했다. 이 모든 이유로 나는 부자가 되어야 했다. 너무나 간절하고 절실하게 말이다. 악마에게 영혼을 팔아서라도 부자가 되고 싶은데 악마는 내 쓸모없는 영혼 따위는 필요가 없었나보다. 그때부터였다. 친구에게 치욕을 당한 그날부터 달라졌다. 일단 내가 무엇을 할 수 있을지, 무엇 때문에 내 인생이 이렇게 됐는지 기록했다.

'술, 휴대폰, 낭비벽, 게으름, 부정적인 말투, 생각, 변화 없는 삶, 성장이 아니라 겨우겨우 유지하는 삶, 아는 거 없음, 배운 거 없음, 주변에 좋은 인맥 없음, 영업방식의 단순화, 고집, 다혈질의 성격, 가진 재산 없음, 소득 부족.'

어떻게 하면 내가 적은 것들을 하나씩 해결할 수 있을지도 적어봤다. 그래서 제일 처음 했던 것이 '일단 술을 끊자'였다. 그 뒤로 2년 동안 술을 끊었었다. 일주일에 7번 술을 마시던 내가 금주를 결심했다. 그리고 주변 사람들도 만나지 않았다. 최대한 사람 끊고 일에 몰두했다. 그리고 일단 책부터 일주일에 한 권 이상씩 읽기 시작했다. 책을 읽는 것을 넘어서 강연도 들으러 다니기 시작했다. 내 삶을 돌이켜 보니 난 뭔가를 배워본 적이 없었다. 일하면서 일을 배운 것이지, 내 삶을 위해서 무언가를 배워본 적이 없었나. 일단 돈을 벌기 위해서 브랜딩, 영업, 스피치, 시간 관리, 다이어리 쓰는 법 등 많은 것들을 배우기 시작했다. 금주를 시작으로 기존의 나를 싹 다 지워버리기 위해서 노력했다. 습관, 생각, 행동 모든 것을 바꿔야 한다고 생각했다. 29년 동안 살아 온 '안규호'를 버리고 새로 태어난다는 생각으로 살았다. 내가 지금도 수강생들에게 해주는 말 '3R'이다.

'3R, Re birth, Re look, Re try'

'다시 태어나자, 다시 나를 돌아보자, 새롭게 다시 노력하자.'

내게는 부자가 되어야 할 많은 이유가 있어서 부자가 될 수 있었다. 부자가 돼서 모든 사람에게 복수하겠다고 했지만 막상 부자가 되니 그럴 생각 따위는 없었다. 세상 모든 게 아름답게 보이고 삶이 따뜻하고 여유가 있다. 행복하다. 이게 부자의 삶이다. 유튜브에서 청담동 가전 배달 기사가 나와서 부자들은 확실히 친절하고 여유 있고 착하고, 애들 역시 구김 없이 밝고 예의 바르다고 말하더라. 백프로 공감이다. 내가 지금까지 보아온 많은 부자는 친절하고 따뜻하다. 내가 되어 보니 그럴 수밖에 없다. 그렇기에 가끔 나오는 갑질이 더 이슈가 되는 것 같다. 모든 부자가 그렇게 살면 이슈 자체가 안 될 테니까. 그리고 그때 나에게 인생의 쓴맛을 알려줬던 그 친구와는 지금도 베스트 프렌드로 잘 지내고 있다. 지금은 나에게 주식을 배우면서 열심히 살고 있다. 부자 한 명의 탄생은 우리 가족, 부모님, 친구들 모두를 행복하고 풍요롭게 만들어 주었다.

당신이 부자가 되어야 하는 이유를 찾아라. 성공한 사람들의 미화된 동기부여, 이야기를 믿지 말고 당신을 180도 바꿀 수 있는 지독하고 처절한 이유를 찾아라. 어떤 시련도 이겨낼 수 있고 세상 모든 유혹을 이겨낼 수 있는 동기부여가 될 것이다. 그것을 찾아야 부자가 된다. 적어도 나는 그렇게 3년 만에 인생을 바꿨다.

마지막으로 동기부여에 대해서 나와 가장 생각이 비슷했던 웹툰 〈싸움독학〉의 한 대사로 이 글을 마무리하겠다.

"진정한 동기부여는 무엇일까? 유튜브에 나오는 수많은 동기부

여 영상? 아니면 성공한 사람들의 자기계발서? 아니다. 성공한 자들의 미화된 경험은 인간을 바꿀 수 없다. 진정한 동기부여는 자기 자신이 가지고 있다. 그 동기부여의 이름은 바로 자기 자신에 대한 분노이다. 자신의 분노로 움직여라. 가만히 있는 자에게 기적은 절대 일어나지 않는다. 죽을 각오로 자신을 갈가리 찢어봐라."

07

나도 모르게 인생을 가난하게 만드는 3가지 습관

"내가 지금 원하는 것을 이루지 못하고 있다면 무엇을 하지 않았느냐가 아니라 나는 지금 무엇을 하고 있는가를 생각해라."

내가 가장 좋아하는 작가 '앤서니 로빈스'의 이야기다. 우리 모두는 각각 무서운 습관 몇 가지씩은 갖고 있을 것이다. 무의식중에 또는 사소하게, 나쁜 버릇으로 자신의 인생을 더 나쁜 길로 가게 만드는 그런 무서운 습관들.

지난날의 힘들었던 시간을 돌이켜 보면 다시 태어나도 이 3가지는 반드시 멀리 하겠다고 말하게 되는 것이 있다. 물론 지극히 주관적인 나의 이야기이다. 내가 다시 태어나도 가장 피하고 싶은 습관들.

첫 번째: 술

20대 젊은 나이에 술집을 운영하고 여러 장사를 하면서 술독에 빠져 살았다. 숫기 없는 성격 덕에 술을 먹지 않으면 사람들이랑 말하는 것이 너무 불편했다. 그래서 술에 의존했다. 술을 먹으면 어떤 사람을 만나도 편하게 이야기할 수 있었다. 그러다 보니 어느덧 사람들을 만날 때 술을 먹는 것을 떠나서 이제는 하루라도 술을 먹지 않으면 못 견디는 알코올 중독에 빠져버렸다. 그 당시에는 내가 했던 판단들과 생각들이 영리하고 합리적이라고 생각했다. 하지만 지금 돌이켜보면 그때 나는 그냥 바보였다. 이미 나의 뇌는 정상작동이 불가능한 악성 바이러스에 감염된 뒤였다.

내가 술을 많이 먹는 사람들, 또 밤일에 종사하는 사람들과 이야기하면서 꼭 한 번씩 하는 말이 있다. '술은 사람을 바보로 만든다. 그러니 조심하길 바란다. 그리고 술 취한 바보들만 보고 살면 정상인으로 살 수 없다'라고 말이다.

물론 모든 사람이 나같이 바보 같은 것은 아니다. 나보다 훨씬 더 똑똑하고 영리한 사람들도 많다. 하지만 내 경우에는 그랬다. 매일 술에 취해서 멍한 상태로 살았고 술에 취한 사람들이랑 어울렸다. 덕분에 나는 바보가 되었고 29살부터 정말이지 너무 참혹하고 비참한 인생을 살아야 했다. 그래서 한 2년 정도 술을 멀리했다. 그러니 일이 술술 풀리기 시작했다.

술자리로 인맥을 쌓는다. 추억을 만든다. 그래 다 맞는 말이다. 그걸 부정하진 않는다. 하지만 나에게는 득보다는 독이 많았다. 차라리 술 마시면서 인맥 쌓는 시간에 내 스스로의 가치를 높이고 내 일의 성취도를 높일 때, 훨씬 더 많은 것을 얻었고 좋은 인맥도 생겼다. 예전에 아무리 술을 산다고 하고 아양을 떨어도 되지 않던 일들과 만나지 못했던 사람들이 지금은 달라졌다. 술로 맺은 인맥이 아니라 내 가치와 노력을 증명했고 인정받았기에 가능한 것들과 만남이었다.

현재 유튜브 구독자 9만 명, 영업과 돈을 말하는 유튜버치고는 꽤 많은 구독자를 보유하고 있고 나의 교육사업 역시 계속해서 성장하고 있다. 그러다 보니 예전에 내가 우상으로 삼았던 사람들, 아무리 SNS로 쪽지를 보내고 답장 없던 사람들에게 연락이 오고 이제는 사석에서 함께 식사를 한다. 구독자 수십만의 유명 유튜버들, 한 달에 수억 원을 버는 사업가들, 강남의 수백억 건물주에게도 쪽지가 온다.

'팬입니다. 응원합니다. 한번 뵙고 싶습니다.'

예전에는 상상도 못했을 일들이 지금 내게 벌어지고 있다. 과연 술 잘 먹고 잘 논다고 만들어질 수 있는 인맥이고 현상이라고 생각할 수 있을까?

술은 가끔, 그리고 좋은 사람들과 적당히 즐길 수 있을 정도로 마시는 것이 최고라고 말하고 싶다. 그리고 술과 한순간도 떨어지지 못하고 있는 과거의 나와 같은 사람이라면 술은 사람을 비보로 만들기 가장 좋은 습관이므로 꼭 멀리하라고 말해주고 싶다.

두 번째: 휴대폰

폐인 생활을 했을 때, 나는 돈 한 푼도 없이 집에만 처박혀서 아무것도 하지 않았지만, 고통스럽지는 않았다. 바로 휴대폰이 있었기 때문이다. 작은 기계 안에는 무궁무진한 세상이 존재하고 있었다. 휴대폰 속 세상에서 나는 폐인이 아닌 원하는 사람으로 살 수 있었고 현실에선 온통 나를 무시하면서 가르치려는 사람들뿐이었지만, 그곳에선 나를 반겨주고 위로해주는 사람들을 만날 수 있었다. 인생의 희로애락이 모두 들어있는 곳이었다. 그리고 시간이 '순삭(순식간에 삭제 됨)'된다는 말이 휴대폰보다 더 잘 어울리는 곳은 세상에 없을 것이다. 그곳은 마치 '드래곤볼'에 나오는 시간과 공간의 방 같았다. 한 시간이 10분처럼 빠르게 흘러간다.

지금 당신의 시급은 얼마인가. 평균 급여 300만 원 잡고, 주 40시간, 월 21일 근무로 계산해보자. 시간당 만 팔천 원 정도 나온다. 그럼 당신은 하루에 휴대폰을 몇 시간이나 의미 없이 만지는가? 최소 2시간 잡아도 하루에 삼만 육천 원이다. 그렇다면 만약 당신이 휴대폰을 만질 때마다 시간당 만 팔천 원씩 내고 만지라면 지금같이 할 수 있을까? 나는 절대 아니라고 본다. 유튜브 볼 때마다 편당 천 원씩 내라고 하면 볼 수 있을까. 아니다. 모든 것이 무료라고 생각하기에 편하게 많은 시간을 휴대폰과 함께하는 것이다. 하지만 나는 그만큼 우리의 시간과 돈, 모든 것이 '순삭'된다고 생각한다.

물론 지금 인류를 '포노사피엔스'라고 할 만큼 휴대폰이 없으면 살 수 없는 세상이다. 수시로 SNS를 확인해야 하고 이메일, 카톡, 각종 뉴스, 그리고 여러 BJ부터 좋은 강의, 재미의 끝판 왕 유튜브까지, 휴대폰 속 세상에는 없는 것이 없었다. 뭘 휴대폰 가지고 그러냐 하지만 지금보다 휴대폰 만지는 시간 딱 절반만 줄여봐라. 나는 다른 세상이 열릴 것이라고 본다.

내가 보았던 수많은 영업사원들은 근무시간에 수시로 휴대폰 만지면서 시간 낭비하기 일쑤다. 그곳엔 끝없이 재미있는 요소들이 존재한다. 그래서 사람들에게 다른 생각과 일을 할 수 없게 만든다. 오로지 그 안에 빨려 들어가 시간을 보내게 만든다. 당신을 심심하게 만들어야 한다. 그래야 당신의 뇌도 휴식을 취하고 다른 생산적인 일과 아이디어를 만들어 낼 수 있는 것이다.

우리 어른들은 아이들한테 휴대폰 만지지 말라고 하면서 우리는 끊임없이 그 속에 빨려 들어가고 있다. 안 좋다는 것 아니까 하지 말라는 것 아닌가.

그런데 어른들에게는 좋은가? 아닐 것이다. 나는 득보다 실이 많다고 생각하는 입장이다. 항상 이 녀석을 최대한 멀리 두려고 노력한다. 하지만 나 역시 온라인 사업을 하는 입장이라 쉽지 않다. 원래 유튜브는 보지 않았는데 유튜브를 시작하면서 유튜브의 재미까지 알아버렸다. 썸네일을 분석하러 들어갔다가도 어느 순간 유튜브에 빠져서 나도 모르게 한, 두 시간을 흘려보내고 있는 내 자신을 발견하곤 한다. 정말 무서운 녀석이다. 그래서 끊임없이 노력한다. 유튜브를 찍지만 유튜브를 보진 않으려고 노력한다. SNS도 마찬가지고 인터넷 뉴스도 끊은 지 좀 됐다. 일이 아니면 하루에 한 시간 이상 안만지는 것이 목표다. 그런데 이것이 참 쉽지 않아서 나도 고민이다.

'포노사피엔스' 시대를 사는 우리다. 득과 실이 존재한다. 하지만 나는 실이 더 많다고 생각한다. 아예 떼어놓을 순 없다.

그러니 최대한 자제하도록 우리 스스로 노력하자. 휴대폰을 멀리하는 만큼 당신의 시급이 올라가고 인생도 바뀔 수 있다고 믿으면서 말이다.

그리고 마지막 세 번째는 다른 장에서 다루도록 하겠다.

08

우리 한순간도 가난하게 살지 말자

예전에 내 인스타그램에 쓴 글이 있다. 부모님의 이혼과 IMF로 학창 시절 우리 집은 가난했다. 어머니는 나와 형을 위해 최선을 다하셨다. 아버지 없는 자식이라고 기죽을까 봐 세상 그 어떤 부모보다 열심히 노력하셨고 자기의 인생은 모두 버린 채 우리만을 위해 사셨다. 하지만 어디 노력만으로 세상살이가 되던가. 어머니가 발버둥 치면 칠수록 우리 집은 아이러니하게도 더 가난해져만 갔다. 지금은 아는 것을 그때는 몰랐으니까.

내가 16살, 중학교 3학년이 되었을 때의 일이다. 얼굴에 여드름이 엄청 나기 시작했다. 한창 외모에 관심이 많은 나이에 여드름은 정말 스트레스였다. 그맘때 '에이솔루션'이라는 여드름 전용 화장품이 나왔다. CF 모델도 송혜교였다. 아직도 그 광고를 잊지 못한다. 선풍적인 인기였다. 학교에서 여드름이 있는 애들은 죄다 그 화장품을 썼다. 어머니는 매일 일 때문에 집에 늦게 들어오시곤 했다. 그런데 그날은 학교가 끝나고 집에 갔는데 어머니가 계셨다. 이때다 싶어서 말했다.

"엄마, 나 여드름 때문에 짜증 나 죽겠어, 에이솔루션이라고 화장품 있는데 애들이 그거 쓰면 여드름 들어간대, 나도 그거 사줘." "너는 남자애가 무슨 얼굴에 그렇게 신경을 써, 들어가서 공부나 열심히 해!"

어머니는 버럭 화를 내셨다. 도저히 이해가 가지 않았다. 그까짓 스킨, 로션 화장품 세트 하나 사달라고 했다고 이렇게 화를 내다니. 갑자기 나도 화가 치밀어 올랐다.

"그거 5만 원짜리 사주는 게 그렇게 돈 아까워? 이렇게 살게 할 거면 낳질 말든지."

나는 엄마에게 송곳처럼 날카로운 말들을 쏟아냈다. 어머니도 나에게 똑같이 화를 냈다. 엄마와 나는 누가 서로에게 더 모질고 잔인할 수 있는지를 겨루는 것처럼 서로에게 못할 말들을 쏟아냈다. 나는 그길로 집을 나갔고 학교도 가지 않았고 집에도 돌아가지 않았다. 지금 생각해보면 그때의 내가 얼마나 한심하게 느껴지는지 모르겠다. 지금도 이 글을 쓰면서 코끝이

찡해진다. 우리 어머니는 내게 한 번도 돈을 아껴본 적이 없다. 내가 사달라는 것은 할 수 있는 범위 안에서 다 사 주셨다. 자식에게 돈 5만 원이 아까운 부모가 어디 있을까. 게다가 아들 얼굴이 여드름 범벅이 되고 이것 때문에 공부도 안 되고 스트레스만 받는다는데 그게 아까워서 안 사줬을까.

어머니에게는 '그까짓 돈 오만 원짜리' 화장품세트 하나 사 줄 돈도 없으셨던 거다. 카드는 연체로 막혔고 지갑에는 돈 오만 원이 없었다. 그날 어머니가 나한테 화를 내고 쏟아냈던 말은 내가 아니라 현재의 당신에게 쏟아냈던 말이 아니었을까. 그런 어머니의 마음도 모른 채 철부지 아들은 평생 가도 나아지지 않을 상처를 어머니에게 남기고 집을 나섰다. 그런데도 어머니는 못난 아들을 끝까지 지켜주셨다.

가난은 이런 거다. 서로에게 씻을 수 없는 상처를 남기게 한다. 그리고 가난과 욕망 사이의 충돌이 거세지기 시작하면 사람의 영혼은 파괴된다. '돈의 노예, 욕망의 노예'가 되어버린다. 그로 인해 사람은 어리석은 판단과 멍청한 생각을 가지고 살게 된다. 도박, 유흥, 허세, 사치, 묻지 마 투자, 각종 사기까지, 모두 가난과 욕망의 충돌로 벌어지는 일들이다. 그래서 가난은 무섭다. 지옥 그 자체다.

요즘은 많이 없어지긴 했으나, 어린 시절 내가 보고 자란 드라마들은 꼭 가난한 가족들은 되게 화목하고 즐겁게 사는 것으로 표현하고 부자들의 삶은 풍요롭지만 외롭고 치열하고 퍽퍽한 삶으로 표현했다. 80년대생들이라면 모두 공감할 것이다. 우리는 그런 미디어의 농간(?)에 놀아나면서 잘못된 정서를 가지고 큰 세대가 아닐까 싶다. 세상 모두가 똑같을 순 없지만 현재 내가 누리는 삶과 주변 사람들의 삶을 보면 정말이지 미디어들은 무슨 생각으로 그런 작품을 만들었나 궁금해진다. 저런 작품으로 서민들의 공감을 끌어내고 정신승리를 하게 만들어야 본인들이 돈을 벌 수 있어서 그랬던 건지, 아니면 7, 80년대에는 정말 그런 어쩔 수 없는 정서가 있었던 건지는 모르겠으나, 그건 정말 잘못된 오류라고 본다. 부자의 삶은 풍족하고 여유롭다. 평범한 사람들보다 기쁜 일은 더 많이, 슬픈 일은 더 적게 겪는다. 이건 진리다.

세상에 돈으로 해결하지 못하는 일은 없다.

가격이 맞지 않을 뿐.

이 말에는 모두가 공감할 거라고 생각한다. 통계도 말한다. 부자들의 행복지수가 일반 사람들보다 월등히 높진 않으나, 슬픔의 지수는 일반사람들보다 월등히 낮다. 억대 연봉자는 평범한 사람들보다 이혼율이 급격히 낮다. 이 모든 통계가 부자들의 여유로운 삶에 대해 간접적으로 말하고 있다.

부자의 기준은 사람마다 다르다. 나는 자신을 부자라고 생각하지만 누군가의 눈에는 허세만 가득한 평민으로 보일지도 모른다. 스스로 만족하면 1억 있는 사람도 부자고 천만 원 있는 사람도 부자다. 현재 자신의 소비생활에 만족하면서 매달 통장에 돈이 쌓이고 있다면 부자라고 본다. 〈돈의 속성〉의 저자 김승호 회장은 매달 일하지 않고도 500만 원 이상의 돈이 들어온다면 부자로서의 시작이라고 말한다. 그 밖에도 몇 가지 기준이 더 적혀 있었지만 그것은 그분의 기준인 것이고, 사람들이 생각하는 부자의 기준은 또 각자 다를 것이다.

부자라는 개념은 '스스로 느끼고 만족하는 것'에 달려 있다고 보는 것이다. 하지만 한 달에 최저시급을 받으면서 부자라고 생각하는 사람은 아무도 없을 것이다. 보편적 기준은 존재하기 때문이다. 모두가 부자로 사는 건 불가능하겠지만 나는 적어도 가난하지 않게 살 수는 있다고 믿는다. 그러기 위해 우리가 계속 성장하고 노력해야 하고 말이다.

나는 지금 내 글을 읽는 당신이 한순간도 가난하지 않기 바란다. 그리고 지금 가난이라는 지옥 속에 살고 있다면 하루 빨리 벗어나길 바란다. 그렇지 않으면 이 가난이라는 지옥이 언제 당신의 영혼을 파괴하고 당신과 당신 주변 사람들에게 씻을 수 없는 상처를 남길지 모르니까.

2장

발상의 전환을 통해 의식을 확장하라

WHY

어떤 이야기를 들었을 때, 어떻게 하는 것이냐고 묻지 않을 것.

HOW

다른 사람의 방법이나 방식, 시스템을 보고 이것을 어떻게 하면 나한테 적용할 수 있을지 고민하라.

01

열심히 일할수록 더 가난해지는 사람들

예전에 작은 선술집을 운영한 적이 있다. 오후 5시부터 새벽3시까지 장사를 한다. 앞뒤로 준비하고 마감하는 시간까지 하면 하루에 12시간을 넘게 일하고 2주에 한 번 겨우 휴식을 취한다. 매장을 청소하고 요리 준비를 하고 손님들이 오면 누구보다 친절하게 서빙하고 정성스럽게 요리한다. 대한민국 그 누구보다 열심히 살았다. 하지만 내 삶은 아무것도 변하지 않았다. 시간이 지날수록 나이만 먹어가고 삶은 점점 더 팍팍해져만 갔다. 열심히 노력하는데 인생은 점점 더 힘들어져 갔다. 쳇바퀴 같은 삶, 아무런 희망도 없는 삶, 스트레스를 푼다는 이유로 폭음을 하고 돈을 써댔다. 그렇게 서서히 나는 무너지기 시작했다.

지금 주변을 둘러보면 예전의 나와 같은 사람들이 너무 많다. 친한 친구 중에 영업을 하면서 정말 열심히 사는 친구가 하나 있다. 아침부터 저녁까지 쉼 없이 일한다. 가끔은 주말도 반납하고 영업하러 다닌다. 하지만 그 친구는 시간이 지날수록 점점 더 가난해진다. 돈을 모으는 것은 고사하고 빚만 점점 더 늘어간다. 그렇게 서서히 그 친구도 무너져간다. 어느 순간부터 그 친구에겐 더 이상 예전의 열정이 없다. 그냥 열심히만 살아간다. 언젠가는 로또가 될 것이라고 굳게 믿는다. 언젠가 나에게도 엄청난 기회와 행운이 올 거라고 믿으며.

당신은 지금의 이야기에 공감하고 있는가? 만약 공감이 된다면 이것은 당신의 지난 과거인가? 아니면 현재인가? 나는 이것이 평범한 사람들의 패턴이라고 생각한다. 새로운 일을 처음 시작할 때는 누구나 설렘과 열정을 지닌 채로 시작한다. 하지만 시간이 지날수록 성장보다는 정체가 계속된다. 처음에는 여러 가지 해법을 찾지만 나중에는 어느 순간부터 현실과 타협한다.

'그래, 괜찮아, 잘되겠지, 다 이렇게 사는 거지, 경기가 어려우니까.'

여러 가지 이유를 만들어내기 시작한다. 그리고 자기합리화와 정신승리에 젖어들기 시작한다. 그렇게 처음 꿈꾸었던 꿈과 목표는 모두 잊고 현실에 안주하고 하루하루 버티기 바쁜 삶을 살게 돼버리는 거다.

나는 이 모든 게 바로 '잘못된 노력' 때문에 벌어진 일들이라고 생각한다. 내가 가르치는 90%의 사람들이 자신은 노력하는데 안 된다고 말한다. 하지만 엄밀히 따지고 보면 노력을 한 것이 아니다. 그냥 남들만큼 주어진 시간에 열심히 산 것이다. 모두가 그 정도는 하고 산다. 근무시간에 열심히 일하는 것은 당연한 거다. 남들도 다 당신이 하는 노력만큼은 하고 산다. 남들은 당신이 열심히 일하는 시간에 술 먹고 도박하고 유흥을 즐기지 않는다. 다 똑같이 한다는 것이다. 하지만 사람들은 그래놓고 노력했다고 말한다. 그건 노력이 아니라 당연한 거다. 성공을 위한 핵심요건이 아니라 기초요건이다. 순전히 기초라는 것이다. 거기에 남들은 하지 않는 것, 남들이 못하는 것을 이루기 위한 핵심요건이 결합되어야 한다. 기초요건과 핵심요건의 결합이 성공을 만든다. '열심히'로 성공하고 싶다면 남들 자는 시간에도 노력해야 한다. 하지만 그것만으로는 해낼 수 있다는 확신조차 느낄 수 없다. 남들과 똑같이 해서는 답이 없다. 중요한 것은 남들보다 잘하는 것이다. 열심히 하는 것이 뭐가 중요한가. 잘하는 게 중요하지.

'열심히 했으니까, 최선을 다했으니까.' 이런 말들은 학교에서나 주고받을 수 있는 아름답기만 한 것들이다. 사회는 그렇지 않다. 사회에서 최선을 다했는데 결과가 안 좋다면, 다시 방법을 찾아서 다시 최선을 다해, 결국 잘해내야 한다. 뭔가를 증명하고 이뤄내야만 한다. 결국은 결과다. 더는 80년대에나 들을 법한 아름다운 단어들에 취해 살지 말자.

몇 가지 예를 들어보겠다. 내가 식당을 하면서 친절히, 열심히 서빙을 한다. 이건 기초다. 남들도 이 정도는 웬만하면 다 한다. 그것을 사람들도 알기 때문에 서빙을 하는 직원들의 급여가 높지 않은 것이다. 서빙하면서 시급 10만 원씩 받는 사람이 없는 이유다. 하지만 그 서빙조차도 남들과 다르게 그리고 더 잘할 수 있다면 또 이야기가 달라진다. 〈세상을 서빙하다〉의 저자이자 현재는 프랜차이즈 사업의 대표인 이효찬 씨는, 단순한 서빙 아르바이트생일 때도 늘 저세상 텐션으로 유명했다. 친절을 넘어 '와! 정말 저게 가능한가?' 싶을 정도로 저 세상 친절을 보여주었다. 그것도 누가 시켜서 한 것이 아니라 스스로 나서서 그렇게 한 것이다. 손님들과 스스럼없이 어울려서 게임을 하고, 잔을 깨뜨려서 놀란 손님에게는 다가가 이렇게 얘기한다.

"인생도 잔도 깨질 수 있는 거죠. 사이다 서비스."

이효찬 대표의 서비스는 사람들 속에서 돋보였고 남들이 할 수 없는 서빙을 했다. 이 서빙을 보기 위해서 사람들이 그 가게를 간다는 말이 나올 정도라고 했다. 결국 친절 하나로 책을 쓰고 각종 TV프로에 출연을 하게 되었다. 그것도 모자라 대기업에서 스카우트 제의도 받았고 서빙으로 억대 연봉자가 되었다. 남들과 다른 핵심이 존재했던 것이다. 그만의 개성과 일반인이 범접할 수 없는 재미와 노력, 친절이 있었다. 남들과 다른 핵심이 있었기에 그 단순한 서빙으로도 성공할 수 있었던 것이다.

두 번째 예로는 유명 유튜버인 '직업의 모든 것'의 황해수 대표의 이야기이다. 그는 여러 아르바이트를 했을 때, 그 아르바이트가 끝나고 난 뒤에 느꼈던 점들을 책으로 써냈다. 남들이 열심히 아르바이트를 하고 집에 들어가서 쉬는 시간에 다른 노력을 한 것이다. 어떤 아르바이트생이 아르바이트를 하면서 책을 쓸 생각을 하겠는가. 나는 이것도 성공을 위한 핵심요건이라고 본다.

기초요건인 '나는 열심히 노력했다'만을 가지고

나는 왜 안될까를 고민하지 말고

남들과 다른 핵심요건,

성공을 위한 핵심요건을 찾아내고 집중하자.

남들이 어려워하는 것을 해내고 남들이 못하는 것을 하자.

그것이 진정한 핵심요건이다.

핵심요건에 노력과 열정이라는 기초요건이 만났을 때

당신의 모든 꿈이 이루어질 것이다.

02

실패의 가장 큰 이유

2020년 12월 3일. 오늘로 전자담배까지 완전히 끊은 지 일곱 달이 되었다. 하루에 한 갑 반에서 두 갑씩 담배를 피우던 골초가 일곱 달이나 담배를 끊는 기적이 벌어졌다. 내가 언제까지 담배를 끊을 수 있을지는 모르겠다. 그래도 그냥 노력하는 거다. 될 때까지 하는 거다. 이게 내 스타일이니까. 또 금연이 힘들기만 한 게 아닌 게, 담배를 끊고 좋아진 것들이 정말 많다. 시간도 아끼고 돈도 아끼고, 무엇보다 냄새가 안 나서 좋다. 예전에는 담배를 피우는 입장이면서 담배 냄새가 너무 싫어서 하루에도 가글을 몇 번씩 하고 방향제를 뿌렸다. 그런데 지금은 이 모든 것이 해결됐다. 반대로 그렇게 좋은 것들이 너무 많은

데도 담배를 피우고 싶을 때가 여전히 많다. 참고 또 참는다. 예전에도 금연을 선언한 적이 많았다. 하지만 단 한 번도 한 달 이상 성공한 적이 없었다. 그런데 지금은 어떻게 일곱 달이나 담배를 끊을 수 있게 된 걸까? 바로 원리를 알았기 때문이다. 모든 일의 실패 원리를. 일반적으로 담배를 끊고자 하는 사람들은 대부분 다시 담배를 피운다. 다시 담배를 피우는 이유는 하나다. 변명은 여러 가지 만들 수 있겠지만, 결국 담배를 끊은 사람들이 다시 담배를 피워야 할 이유를 어떻게든, 무엇이든 만든다는 거다. 스트레스 받아서, 술기운에, 기분이 너무 좋아서, 그냥, 등등. 가지각색의 이유를 만들어낸다. 그리고 그 이유에 설득되고 만다. 합리화를 하며 담배를 다시 피운다.

사람들이 실패하는 이유는 너무나 여러 가지가 있지만,
가장 큰 이유는 안 되는 이유를 찾기 때문이다.
내가 지금 하는 일이 안 될 거라는 이유를 찾는다.
그리고 거기에 설득 당한다.

나는 사람들을 가르치다 보니 그 원리를 깨달았다. 그래서 담배를 태우고 싶을 때마다 이런 생각을 한다. '사람들에게 성공을 말하고 노력을 말하면서, 뒤에서 비겁하게 그 사람들이랑 똑같은 이유로 실패하지 말자.' 나는 그런 다짐과 함께 독하게 금연을 이어가고 있다. 지금 글을 쓰는 이 새벽에도 너무나 담배가 태우고 싶지만 참고 있다. 실패 원리를 교육하면서 알게 된 게 있다. 나는 경영 컨설팅에 관해 가르치고 있는데, 제자들이 비슷한 레퍼토리로 꼭 물어오는 게 몇 가지 있었다.

"대장님, 요즘은 기업 대표들이 너무 똑똑해지고 인터넷에만 쳐봐도 정보가 다 나오는데 이런 거 대표들이 다 알지 않을까요? 직접 하지 않을까요?" "저는 나이가 너무 많아서 젊은 사람들처럼 머리가 안 돌아가요." "마케팅 시장이 너무 치열해서요." "경쟁자가 너무 많아서요."

그럴 때마다 내가 하는 말이 있다.

"대표님, 축하드려요. 대표님은 지금 안 되는 이유를 또 하나 찾으셨네요. 그럼 이제 선택만 하시면 됩니다. 안 되는 이유가 있으니 빨리 그만두든지 아니면 그 이유를 해결할 방법을 찾든지."

사람들은 어떤 일을 시작하기 전에, 그리고 현실에 벽에 부딪힐 때마다, 안 되는 이유, 이 일이 어려운 이유를 찾기 시작한다. 도망갈 수 있는 구멍, 내가 실패했을 때를 대비하는 것이다. 내가 포기하긴 했어도 이유가 있었으니까. 내가 실패는 했어도 실패할 수밖에 없는 이유가 있었으니까. 그렇게 실패를 정당화시킨다. 너무 비겁하다. 우리 어른들은 아이들에게 비겁하게 살지 말라고 가르치지만 정작 우리는 꿈과 목표를 이루는 일에 있어서 그 누구보다 비겁하다.

나의 유튜브 시청자들인 '소대장'님들의 고민을 들을 때 자주 하는 이야기가 있다. 안 되는 이유를 찾았으면 그걸 해결할 방법을 찾아라. 그리고 내가 이 일을 해내야 하는 이유와 방법을 찾으라는 말이다. '대장님 저는 머리가 나빠서요.' 머리가 나쁜 것을 알고 있다면 빨리 때려치우든지, 아니면 남들보다 두 배, 세 배 더 하든지, 그것도 아니면 머리가 좋아지는 훈련을 해보든지. 뭐든 결론이 있어야 하는데 오로지 푸념뿐이다.

'우리가 돈이 없지, 가오가 없냐, 쪽팔리게 살지 말자.'

내가 좋아하는 영화의 한 대사이다. 안 되는 이유, 어려운 이유를 찾았다면 그것을 해결할 수 있는 방법과 해내야 하는 이유를 찾자. 우리 더 이상 비겁하게 안 되는 이유를 찾아가면서 자신의 포기와 실패를 합리화하지 말자.

이제부터는 되는 이유와 내가 해내야 하는 이유만 찾자.

그리고 만약 안 되는 이유를 찾았다면 해결할 방법을 찾자.

내가 알게 된 실패하지 않는 가장 완벽한 원리이다.

03

이런 사람들만 피해도 당신의 인생은 성공이다

많은 채널을 통해서 이야기하지만 평범한 사람이 성공하기 위해서는 절대적으로 환경을 바꿔야 한다. 물론 타고난 재능만 확실하다면 꼭 환경을 바꿀 필요는 없다. 어차피 성공이란 것은 내가 만들어가는 것이니까. 하지만 그런 천부적인 재능이 없는 우리 같은 일반인들에게 환경이라는 것은 어찌 보면 성공의 필수 요소가 아닌가 싶다.

지금까지 살아오며 우리에게 형성된 잘못된 습관, 행동, 생각, 이 모든 것을 완전히 바꾼다는 것은 굉장히 어려운 일이다. 어쩌면 거의 불가능한 일일지도 모른다. 하지만 인간은 적응의 동물. 환경만 바꿀 수 있다면, 그 속에서 자연스럽게 사람도 함께 바뀌는 것은 충분히 가능하다. 그래서 평범한 사람일수록 환경이 중요하다. 그런데 우리 같은 일반인들에게는 좋은 환경은 둘째 치고 일단 나쁜 환경부터 바꾸는 것이 훨씬 더 중요한 것 같다. 고장 난 컴퓨터를 고치려면 일단 현재 들어있는 자료를 모두 다 지워버려야 한다. 모든 악성코드를 완전히 제거해야 한다. 그래야 다시 정상적인 프로그램을 깔았을 때 올바르게 작동할 테니까. 악성코드를 남겨 둔 채로는 절대로 정상적인 작동이 불가능할 테니까.

우리를 가난하게 만드는 사람들의 유형

첫 번째: 비즈니스 개념이 전혀 없는 사람들

이것이 가장 큰 전제이고 이 안에서 세부적으로 갈린다고 할 만큼 중요하다고 생각한다. 우리는 살벌하기 그지없는 자본주의 사회를 살아가고 있지만 생각보다 자본 개념이 전혀 없는 사람들이 매우 많다. 심각한 수준이다. 돈의 교환가치를 안다고 해서 자본주의를 아는 것이 아니다.

"돈은 땀 흘려 버는 거야. 제대로 된 일을 해야지."

주변에서 이런 말을 하는 사람이 있다면 그 사람은 믿고 거르길 바란다. 그 사람과 함께 하향평준화의 가난뱅이가 되기 싫다면 말이다. 나는 진짜 이런 말을 하는 사람들의 사상이 너무 궁금하다. 그런 사람들은 2021년 현재에도 혼자 농경시대를 살고 있는 걸까? 그렇다면 도대체 땀을 흘린다고 돈을 주는 이는 누구일까? 열심히 땀을 흘려서 번다는 건 80년대처럼 엄청난 경제 성장이 이루어질 당시의 이야기이다. 8, 90년대 은행 금리가 20%가 넘던 시절이 있었다. 그땐 정말 열심히 일해서 저축을 하면 부의 창출이 가능했다. 당연한 얘기지만 지금은 그렇지 않다. 그런데도 예전의 80년대 부모님 사상에서 깨어나지 못하고 있는 젊은 친구들이 꽤 많다. 식당에서 열심히 서빙하고 대리운전 열심히 한다고 부자가 될 수 있다고 믿는가? 엄청난 시대착오적 오류인 것이다.

돈을 버는 것은 법의 테두리 안에서, 남들에게 피해 주지 않는 선에서, 남들이 생각지 못한 것, 남들이 해내지 못한 것, 도전하지 못하는 것, 남들과 다른 것을 했을 때 해낼 수 있는 것이다. 누가 남들이랑 똑같이 땀만 흘리면서 일하는데 더 많은 돈을 주겠는가? 땀 흘려서 돈을 벌고 싶으면 스포츠 스타들처럼 말 그대로 정말 땀을 흘려야 하는 것 말고는 방법이 없다. 일반적인 비즈니스에서 절대 있을 수 없는 일이라고 본다.

그런데 아직도 주변에는 먹는 장사 등으로 돈을 버는 것이, 부자가 되는 최선의 길이라고 생각하는 친구들이 너무 많다. 무자본의 콘텐츠 사업, 온라인 커뮤니티와 온라인 이용 사업, 새로운 젊은 부자들을 창출해 내는 사업들이 얼마나 많은데, 아직도 혼자서 그런 사업들은 모두 비정상적인 사업, 사기라고 무시만 하고 있다니. 안타까운 일이다. 그런 친구들을 보면 도대체 언제까지 X세대를 혼자서 살아갈지 안타깝다. 시대가 바뀌었다는 것을 인지하고 시대를 따라가고 스스로 잘못된 생각과 고정관념을 깨고 나가야 한다. 스마트폰만 쓸 줄 안다고 시대를 맞춰간다고 생각하지 않는다. 사고와 정신이 깨어나야한다.

돈은 남들과 똑같이 하는 사람들이 버는 것이 아니라, 남들과 다르게 그리고 남들이 하지 못하는 것을 했을 때 버는 것이라는 것을 꼭 기억하길 바란다. 남들과 똑같이 땀 흘려서 정직하게 돈을 벌겠다고 말하는 사람이 있다면 그 사람을 꼭 멀리하길 바란다. 당신의 생각과 주머니를 모두 가난하게 만들 사람이니까.

우리를 가난하게 만드는 사람들의 유형

두 번째: 우아한 백조들

'뱁새가 황새 따라가다 가랑이 찢어진다.' 이 말을 모두 알고 있을 것이다. 나는 소득보다 중요한 것은 자산이라고 생각한다. 그런데도 많은 사람들이 소득만 가지고 소비를 한다. 예전에 소위 말하는 금수저들과 자주 어울렸던 적이 있다. 그들의 소비 흐름에 자연스럽게 따라가게 되었다. 아무리 아끼려고 해도 워낙 소비를 많이 하는 집단에 있다 보니 엄청난 지출이 항상 뒤따랐다. 게다가 한 번 좋은 것에 맛을 들이니 내려오기도 싫었고 내려올 수도 없었다. 물론 잘 벌 때야 상관없지만, 어디 사람에게 계속 좋은 미래만 있을까. 한번 삐끗하기 시작하니까 무너지는 것은 순식간이었다. 위기에서 나를 지탱해줄 자산이 없기 때문이었다. 자산이 있는 사람은 잠깐 삐끗한다 해도 자산으로 버티면 된다. 그리고 또 자산이 돈을 벌어준다. 하지만 소득만 있고 자산이 없는 사람들은 한 번 발을 헛디디는 순간 그대로 구렁텅이로 빠진다.

젊은 시절부터 돈을 벌었다는 친구들, 자수성가했다고 하는 친구들 중에 특히 이런 경우가 많다. 돈 좀 벌고 자수성가했다고 여기저기서 띄워 주기 시작하니까 점점 많은 사람을 만나게 된다. 지금까지 탄탄한 자산을 다져놓고 즐기며 사는 사람과 이제 막 시작해서 아무것도 없으면서 돈 좀 버는 자신이 같은 줄 안다. 그걸 모르고 함께 어울린다. 그렇게 잠깐 왔다 사라지는 친구들 정말 많다. 나 역시 그랬다. 특히 영업사원들에게

이 이야기를 꼭 해주고 싶다. 영업사원들은 매출과 이익의 구분이 없다. 그래서인지 그들 대부분이 자기 월급이 다 매출인 줄 안다. 정말 잘못된 생각이다. 영업사원의 월급은 이익이다. 매출이 아니고 말이다. 그런데도 모든 영업사원들은 매출이 이익인 것처럼 말하고 다니고 쓰고 다닌다. 영업사원 중에 부자가 없는 이유이기도 하다. 영업사원들이 딱 빛 좋은 개살구다. 겉으로만 번지르르해 보이지 대부분 다 가난하다. 자산이 있는 사람들은 거의 본 적이 없다. 물론 본받을 것이 많고 나에게 많은 도움을 주는 사이라면 조금 무리해서라도 어울려도 좋다고 본다. 하지만 그게 쉽지 않을 일이다. 휩쓸리게 된다. 내가 강남으로 이사 오고 한 사업가 형님을 만났는데 그러더라.

"규호야, 너도 이제 이사도 했고 이름도 알려졌잖아. 근데 강남에서는 꼭 조심할 게 있어. 여기서 잘 나간다는 사람들이랑 어울리는 거 조심해야 된다. 여기서 잘나간다는 사람들과 욕망에 휩쓸려 까불고 다니다가 소리 없이 사라지는 애들 천지야. 정말 조심해야 돼."

한 번 놀다가 망해봤던 내게는 정말 가슴에 팍 꽂히는 충고였다. 지방에서도 놀다가 망했는데 강남은 얼마나 더 쟁쟁하고 욕망이 판치는 곳이겠는가! 내 상상 그 이상일 것이다.

꿈과 이상은 높게 미래를 보지만 소비는 낮고 겸손하게 현실과 리스크에 맞게 지출하자. 현실에 내 미래를 저당 잡히는 멍청한 짓은 절대로 하지 말자.

우리를 가난하게 만드는 사람들의 유형

세 번째: 나를 희생양으로 삼으려는 사람들

내가 '안대장TV'에서도 한 번 언급했던 감정의 조종자들이다. 이 사람들은 타인을 조종해서 본인들의 희생양으로 삼으려고 한다. 나는 이들을 소시오패스의 한 부류라고 표현하고 싶다. 레퍼토리가 딱 정해져 있다.

"모든 게 널 위해서야. 네 말은 다 틀리지만 내 말은 다 맞아. 내 말만 들어."

타인의 감정을 교묘하게 조종하고 파괴한다. 사기꾼들과 범죄형 무속인들의 전형적인 특징이다. 항상 나를 걱정해주는 척, 현실적 충고라는 이름으로 우리의 성장을 방해한다. 그리고 챙겨주는 척하지만 자기보다 잘 되는 것을 눈뜨고 못 본다. 세상 모든 일에 부정적이지만 자기가 하는 일에는 초 긍정적이다. 네가 하는 모든 건 잘못된 일이지만 내 말만 믿고 따르면 구원받을 수 있고 행복해질 수 있다는 듯이 우리를 조종한다. 이런 사람들일수록 본인의 일도 잘하고 성과도 좋다. 사람들에게 인기도 많은 편이다. 대신 주변에 있는 사람들을 점점 추락시킬 뿐이다. 어떤 사람과 함께하면 잘 되지만 또 어떤 사람은 혼자만 잘 되고 주변 사람들은 이상하게 꼬이게 만드는 사람들이 있다. 주변을 하향평준화 시켜버리는 사회의 암적인, 아주 무서운 존재들이다. 피해야 한다. 특히 주변에서 모두가 다 아니라고 하는데 '아니야, 좋은 사람이야, 네가 몰라서 그래.' 당신이 이런 말을 하면서 보호하는 사람이 있다면 아주아주 무서운 사람일 확률이 높다. 다시 한 번 냉정하게 생각해봐라. 진짜 좋은 사람인지 좋은 척하면서 주변을 파괴하는 감정의 조종자인지.

우리를 가난하게 만드는 사람들의 유형

네 번째: 내 돈과 시간을 노리는 사람

이건 뭐 모두가 알고 있는 상식적인 것이지만 살면서 많은 순간 잊고 사는 부분 같다. 세상에는 사람을 사람이 아니라 돈으로 보는 사람들이 꽤 많더라. 사기꾼, 도둑놈들은 뭐 말할 것도 없다. 이런 인간쓰레기들을 만나면 모든 가산 탕진하는 건 순식간이다. 정말, 정말로 조심해야 하는 인간들이다. 사기는 꼭 아는 인간들, 믿는 인간들에게 당하니까 말이다. 그리고 돈 뿐만 아니라 나의 시간을 노리는 인간도 조심해야 한다. 영업을 하다 보면 이런 사람들은 뭐 끝도 없이 볼 수 있다. 나를 본인의 수익원으로 만들려는 사람이다. 같이 시너지를 내서 Win-Win 하자는 것이 아닌 자기 앞가림도 똑바로 못하면서 나를 끌어들여서 돈 벌려고 하는 인간들. 보험, 다단계, 휴대폰, 비트코인 이런 것들이 욕먹는 이유가 딱 이거다. 사람을 돈으로 보고 또 돈으로 만들어 낸다. 자기 밑으로 데리고 오면 그 사람으로 인해 수익을 낼 수 있으니 '야 이거 하면 돈 돼. 같이 하자.'하면서 자신은 미래를 모조리 저당잡힌 카푸어에 개털이면서 다른 사람들을 끌어들여 자신의 밝은 미래를 만들어내려고 한다. 덕분에 대한민국의 이런 조직들은 날이 갈수록 빠르게 번창하고 있다. 서로가 서로를 돈으로 보게 만드는 그런 조직들 말이다. 이런 인간들을 만나면 시간과 돈 둘 중 하나는 뺏기게 되어 있다. 관계와 감정을 떠나서 한 번만 이성적으로 생각해보자. 저 상대가 당신과 다른 사람들의 돈과 시간을 뺏으려고 하는 사람은 아닌지 말이다.

우리를 가난하게 만드는 사람들의 유형

다섯 번째: 밑도 끝도 없이 부정적인 사람들

이건 뭐 말 할 것도 없다. 만나자 마자 '아~ 죽겠다. 세상 ×같다. 헬조선, 술이나 먹고 죽자.'며 밑도 끝도 없이 부정적인 사람들, 그들은 타인의 감정 따위는 전혀 생각하지 않고 자신의 부정적이고 힘 빠지는 기운을 모두에게 전염시켜 버린다. 게다가 또 어떤 사람들은 무슨 말만 하면

"안 돼, 하지 마, 그게 쉽니. 현실적으로, 널 생각해서."

온통 걱정을 가장한 부정뿐이다. 내가 제일 싫어하는 말이기도 하다. 그런 사람들한테 당당하게 이렇게 말해줘라. '내 생각은 내가 할 테니 네 걱정이나 해.' 라고 말이다. 아니 그렇게 걱정되면 돈을 주든지, 아무 짝에도 쓸모없는 말만 뱉어낸다. 정말 싫다.

같은 나라에서 숨 쉬고 산다고 해서 같은 삶을 사는 건 절대 아니라는 건 다들 알고 있을 것이다. '힘들다. 현실적이지 않다.'라는 말은 그 사람의 능력과 생각에 기반을 둔, 그 사람만의 입장이다. 우리는 그런 사람들과 완전히 다르다는 것을 보여주자. 말할 것도 없다. 이런 사람들은 그냥 피하고 보자. 꼭 칼로

찔러야 사람이 죽는 게 아니다. 이런 사람들과 함께 하다 보면 머지않아 영혼은 병들고 어느새 부정적인 생각만 반복하다 죽어갈 것이다.

우리를 가난하게 만드는 사람들의 유형

여섯 번째: 거지 근성을 가진 사람들

비즈니스 개념이 없는 것을 떠나서 염치마저 없는 사람들이 있다. 내가 남자라서 여자들의 세상은 잘 모르지만 남자들의 술 문화에는 암묵적인 규칙이 있다. 더치페이 문화가 아니라 바로 한 사람씩 돌아가면서 계산하는 문화. 둘이 마시면 꼭 2차를, 셋이 마시면 꼭 3차를 가야 한다. 개인적으로 좋아하는 문화이다. 뭔가 정이 있어 보이니까. 지극히 내 개인적인 생각이다. 하지만 이렇게 하다보면 꼭 늦게까지 먹어야 한다는 단점도 있지만, 서로에게 미안한 마음 없이 베풀려는 심리 같아서 나는 좋아한다. 그런데 정말 끊임없이 개념도 없고 염치도 없게 얻어먹는 인간들이 있다. 이건 상대에 대한 배려가 없다고 생각한다. 뭐든지 공짜만을 찾고 그 대상을 나로 만드는 인간들이 있다.

예전에 모임에서 꾸준히 회비를 안 낸 친구가 한 명 있었다. 그래서 한마디 하니까 버럭 화를 냈다. '그거 얼마나 한다고. 지금 내 사정 모르냐.' 그래서 말했다. '야! 힘들면 나오지를 마. 뭐 힘든데 매달 나와서 술까지 처먹냐.' 물론 지인들에게 조금 더 버는 사람이 살 수 있다. 그게 당연한 게 돼서는 절대 안 된다. 내가 남들보다 더 열심히 피, 땀 흘려서 했기 때문에 더 벌 수 있었던 거다. 그게 다른 사람들에게 무조건 베풀어야 하는 이유가 되는 것 자체가 '거지 근성'이다. 아무리 잘 벌고 못 벌고를 떠나서 모든 사람에게 돈은 똑같이 소중한 것이다. 저런 행위는 그 가치와 그 안에 녹아 있는 타인의 노력을 무시하는 행위라고 본다. 그런데 우리나라는 이런 거지 근성이 너무 심하다.

시그니엘로 이사를 하는데 이삿짐센터 사장님이 끝나더니 추가금을 달라고 하더라. 계약한 거 이외에 왜 추가금을 줘야 하냐고 말하니까 대뜸 하는 말이 '돈도 많은 사람이 되게 빡빡하네.' 이따위 말이 나왔다. 돈 많으니까 그냥 더 달라는 거다. 내가 이사하면서 가구가 2개나 파손되었는데도 그냥 지나갔다. 그냥 고생하시니까. 나야 또 사면 되니까. 그런데도 이따위 말이 나왔다. 참 황당한 일이다. 수도 없이 겪어서 놀랍지도 않다. 메신저나 이메일로 돈 꿔달라고, 도와달라는 사람들 천지다. 밑도 끝도 없다. '나 불쌍하지. 돈 줘.' 이 말이다. 안 봐도 뻔하다. 그런 거지 근성을 가진 사람이 뭐는 되겠는가. 나는 절대로 돕지 않는다. 피하고 보자. 그리고 자신도 절대 그런 사람이 되지 말자.

내가 개인적으로 생각하는 나를 가난하게 만드는 사람들에 대해서 이야기해봤다. 당신을 감싸고 있는 수많은 사람들 중에 악영향만 끼치는 사람이 있다면 과감히 잘라내자. 그리고 혹시나 내가 다른 사람에게 이런 사람은 아니었을까도 한번 곰곰이 생각해보자. 서로에게 좋은 사람이 되려고 조금씩만 더 노력한다면 우리 모두 조금 더 좋은 환경에서 더 나은 삶을 살 수 있을 테니까.

04

머리 좋은 인간이 너무 많다

미국 로또를 구매대행 해준다는 사이트가 있었다. 미국 로또는 우리나라와는 비교도 할 수 없을 만큼 어마어마한 당첨금을 자랑한다. 그렇게 구매대행 사이트를 차려서 벌어들인 수익이 400억이 넘는다고 한다. 여기서 더 놀라운 사실은 이 사이트를 만든 사람은 미국 로또를 한 번도 산적이 없다는 것이다. 즉 미국 로또를 산다고 돈을 받는다. 자신이 갖는다. 당첨된 사람들에게는 돈을 직접 지급한다. 400억이 넘는 돈을 사기를 쳤는데 피해자가 단 한 명도 없는 희대의 사건이다. 과연 이건 사기일까? 사업일까?

'티몬'. 당시만 해도 공동구매로 싸게 물건을 살 수 있다는 주먹구구식을 넘어서 소셜 커머스로 새로운 개념을 만든 회사다. 이 회사의 대표는 85년생으로 나랑 동갑이다. 그게 날 더 슬프게 한다. 그리고 우리나라 배달 시장을 앱 하나로 독식해버린 '배달의 민족', 새벽 배송이라는 새로운 시장을 만든 '마켓컬리' 등, 이 세상에는 천재들이 너무 많다. 어떻게 이런 기가 막힌 생각을 하고 그것을 실현했는지 감탄이 절로 나오는 사람들 천지다. 그런 반면 우리는 어떤가? 그런 기가 막힌 아이디어는 있고 그것을 실현할 능력은 있는가? 그리고 끝없이 몰아치는 역경을 이겨내고 끊임없이 성장하며 기업을 일으킬 수 있는가? 뭐 사람마다 다를 테지만 일단 나는 그럴 수 없었다. 아이디어도 없었고 머리가 좋지도 않다. 와이프가 맨날 '오빠는 진짜 신기하다. 이 정도면 바보 아니야?'라고 한다. 길치라서 네비게이션을 보고 운전해도 매번 길을 잃어버린다. 암산은 쥐약이라 휴대폰 계산기는 필수다. 무엇보다 암기력이 떨어진다. 나는 그게 뭐든지 그렇게 안 외워지더라. 무슨 말을 듣기만 하면 까먹는다. 그래서 누구보다 열심히 메모를 한다. 잠을 자다가도 생각나는 것이 있으면 아무리 귀찮아도 다시 일어나서 휴대폰 메모장에 적어놓는다. 아직도 매일 출근해서 가장 먼저 하는 일과가 수첩에 할 일을 적는 것이다. 전날 적어놓은 것과 맞춰보며 할 일을 하나씩 지워간다. 그렇지 않으면 뒤돌아서자마자 까먹는다.

머리도 나쁘고 돈도 없고 거기에 할 줄 아는 것도 없다. 그리고 든든한 빽도 없다. 그런데 막연히 부자는 되고 싶었다. 그래서 영업을 택했다. 남들보다 두 배, 세 배 더 열심히 일했고 공부했다. 뭐든지 무식하게 저지르고 봤다. 뭐 어차피 더 잃을 것도 없어서 두려운 것도 없었다. 이대로 계속 사는 거나 그냥 죽는 거나! 나에게는 거기서 거기였다. 어차피 지옥에서 사나 죽어서 지옥으로 가나 똑같은 지옥인데 뭐가 무섭겠는가!

머리가 나쁜 만큼 잘하는 사람들에게 배우기 위해서 부지런히 쫓아다녔다. 그렇게 또 일하는 시간이 줄어들었다. 결국 강의를 들으러 가는 날의 일까지 다른 날 모조리 해치우고 갔다. 당연히 잠을 극단적으로 줄일 수밖에 없었다. 시간을 최대한 쪼개서 쓰는 거였다. 거기에 영업 초창기에는 대리운전에 휴대폰 판매까지, 투잡으로 버텨야 했다. 시간을 쪼개고 또 쪼개야 했다. 남들보다 더 열심히 배우러 다니고 공부했고 행동으로 그대로 옮겼다. 사람들이 하는 말이 있다.

"영업은 말 잘해야 성공하는 거 아니야!"

영업이 말 잘해서 성공하는 거면 영업 못하는 사람이 어디에 있겠는가? 영업은 말로 하는 게 아니다. 어디 80년대에나 하던 소리를 2021년이 돼서도 하는 건지. 아무것도 가진 것 없는 내가 영업으로 돈을 벌 수 있었던 것은 고객들에게 매력적인 사람이 되었기 때문이다. 내가 생각하는 비즈니스에서 가장 빠르게 성공할 수 있는 방법은 매력적인 사람이 되는 것이다. 평범한 영업사원에서 골드만 삭스의 부사장 자리까지 오른 전설적인 영업맨 도키 다이스케, 그는 이런 말을 했다.

전하는 메시지가 중요한 것이 아니라
그걸 전하는 메신저가 중요한 것이다.

똑같은 메시지, 똑같은 정보를 들어도 누구에게 들었는지에 따라서 반응과 결과는 천차만별이 된다. 내가 좋아하는 사람, 내가 도와주고 싶은 사람이 나에게 어떤 도움을 청했을 때는 웬만하면 OK라는 반응이 나올 것이다. 하지만 내가 싫어하는 사람이 나에게 도움을 청한다면 나는 어떤 반응을 보일까? 당연히 NO일 것이다. 내가 싫어하는 인간이 아무리 말을 잘하고 나를 구워 삶아도 소용없다. 무조건 내 대답은 NO다. 왜? 이유는 없다. 그냥 내가 싫어하니까. 그게 이유다.

성공하고 싶다면 다른 사람들에게 매력적인 사람이 되라고 말하고 싶다. 그것보다 빠른 길은 없을 테니까 말이다. 나는 고객들에게 매력적인 사람이 되었다. 그래서 빠르게 성공했다. 그럼 나의 어떤 부분이 매력 포인트였을까? 그건 바로 내 고객이 좋아하는 것을 했다는 것. 내 고객의 입장에서 어떻게 하면 일개 영업사원을 만나줄까, 이 사람들과 계약할 수 있을까를 생각했다. 내 결론은 그저 내가 좋다고 생각하는 것을 하는 게 아니었다. 내 고객이 뭘 좋아할지, 그리고 또 어떤 일을 힘들어 할지를 찾아서 그것을 해결해주고 도와주자는 것이었다. 세상에 자기에게 도움이 되는 사람, 자신의 어려움을 해결해 주는 사람을 싫어하는 사람은 없을 테니까.

그래서 머리도 나쁜 내가 경영컨설팅 한답시고 세법부터 노무, 정부 정책까지 공부 안 한 분야가 없었다. 정말이지 머리가 터지는 것 같았다. 재무제표 분석 이런 걸 공부할 때는 하얀 건 종이요, 까만 건 글씨였다. 눈 뜬 장님이나 다름없었다. 하지만 그 고난의 시간들을 이겨낸 덕분에 나는 가난이라는 지옥에서 초고속으로 벗어날 수 있었다.

세상에는 머리 좋은 사람들이 너무나 많다. 그 천재들을 이기기 위해 엄청난 블루오션과 아이템을 굳이 찾지 말자. 현실을 인정하고 우리가 할 수 있는 범위 내에서 최고가 되자. 나는 그 가장 첫 번째 과제가 내 자신을 얼마만큼 매력적으로 만들 수 있는가라고 본다. 고객이 되었건 주변 지인들이건 간에 나를 좋아할 수 있도록 매력을 갖추자. 사람들은 자신들에게 도움이 되는 사람을 좋아한다는 것을 잊지 말자. 도움을 받으려고, 주변 사람들 주머니에서 돈을 빼내올 생각을 하지 말고 내가 먼저 도움을 주자. 꼭 금전적인 도움을 주지 않아도 된다. 힘들어하는 사람들의 이야기를 들어주고 진심으로 공감해주고, 힘든 일이 있을 때는 적극적으로 나서서 도움을 줄 수 있는 방법을 찾아보자. 그렇게 하나씩 나의 매력을 쌓아나가는 것이다.

방송에서 한 번 커피 쿠폰에 관한 이야기를 다룬적 있다. 커피 쿠폰은 비싸도 만 원 내외이다. 일 년에 3, 4번은 내 고객들에게 커피 한 잔을 선물하고 따뜻한 안부, 좋은 글 한 번 보내주자. 작은 선물과 기분 좋은 말 한마디, 얼마나 매력적인 사람으로 보일까! 입장 바꿔 생각해봐도 나에게 주기적으로 그렇게 해주는 영업사원, 비즈니스 파트너가 있다면 절대 잊지 못할 것이다. 하긴 이렇게 말해줘도 실천 못하는 사람들이 너무 많다. 참 안타까운 일이다. 지금 당장 내 책을 덮고 그동안 고마웠던 사람들에게 감사의 인사, 작은 선물 하나 하자. 그게 지금 당신이 바로 해야 할 일이다.

바로 지금이다.

좋은 내용을 보고 '아, 그렇구나. 이따 해봐야지.' 하는 것은 안 하겠다는 말과 똑같으니까.

05

내 인생의 기적을 만들어 준 순간

내 인생의 기적을 만든 순간을 뽑자면 나는 가장 먼저 휴대폰 판매사로 취직한 일을 말하고 싶다. 아직도 그 회사의 대표님 그리고 사람들과 친하게 지낸다. 고맙기 때문이다. 그 전까지 나는 방구석에 처박혀서는 이런 공상만 하곤 했다.

'나는 꼭 다시 성공한다. 정말 모두가 놀랄 아이템으로 성공한다.'

그런 말도 안 되는 공상만을 하면서 살았다. 뭐 생각으로는 이미 대한민국을 다 뒤집어 놓았다. 하지만 현실은 휴대폰

만 붙잡고 살고 있었다. 그때 만약 친구의 휴대폰이라도 팔아 보라는 제의를 거절했다면 나는 어떻게 되었을까? '야! 됐어, 내가 자존심이 있지, 어떻게 폰을 팔아!' 이렇게 말하며 거절했다면 나는 지금쯤 어디 태평양 한가운데서 배를 타고 있거나, 아니면 이미 세상에 없는 사람이 됐을지도 모른다.

처음 휴대폰 판매사를 하며 보라색 유니폼을 입고 일을 하는데 정말 자존심이 박살나더라. 매장에서 내가 최고령이었다. 그런데 신입이었다. 게다가 그 매장에서는 중학교 때 후배와 동창도 일을 하고 있었다. 그래도 한때는 잘나갔는데. 정말 죽고 싶었다. 그래도 꿋꿋이 버텼다. 내가 휴대폰을 판매하여 돈을 벌어서 인생을 바꾼 것이 아니었다. 일을 시작하니 바이러스로 고장 났던 뇌가 서서히 정상으로 돌아가기 시작했다.

휴대폰 판매사로 일하면서 돈을 벌기 시작하니까 생활은 점차 안정되어갔다. 그래도 어차피 빚 갚고 나면 수중에 남는 것은 없었다. 워낙 최악의 조건에서 시작한 덕에 일을 해도 경제적으로 고통스러운 것은 마찬가지였다. 하지만 적어도 굶거나 가스가 끊기지는 않게 됐고 지인들에게 아쉬운 소리를 하지 않아도 되었다. 게다가 일을 하니 자연스럽게 술도 줄일 수 있었고 몸이 움직이는 만큼 머리도 맑아졌다. 무엇보다 하나씩 계획을 만들고 생각을 확장시켜갈 수 있게 됐다.

지금처럼 4, 5백을 벌어서는 답이 없다. 지금보다 더 많이 벌고 싶다. 그럼 어떻게 해야 할까? 더 큰 판으로 가자. 휴대폰 영업을 접고 중소기업을 상대하는 경영컨설팅을 시작했다. 그렇게 조금씩 내 연봉을 키워나갔다. 휴대폰 판매사에서 경영컨설턴트로 변신하면서 연봉을 1억으로, 3억, 5억으로 순차적으로 늘려갔다. 연봉 3억이 넘어가니까 그때부터는 통장을 보지 않게 되었다. 어차피 내꺼 다 쓰면서 갚을 것 충분히 갚아도 돈이 부족하지 않았다. 그렇게 지금의 위치까지 오게 되었다.

나는 지금 내 삶에 만족하고 감사하고 있다. 평생 내가 가슴속으로만 품었던 꿈을 이루게 해준 위대한 시작은 휴대폰 판매사로 출근하게 된 그 순간부터였다.

〈스몰스텝〉이라는 책을 읽은 적이 있다. 무기력에 빠져서 아무것도 하지 못하고 우울증에 공황장애까지 앓고 있던 40대의 평범한 가장이 한 명 있었다. 그는 회사를 그만두고 잉여인간처럼 하루하루를 버티고 있었다. 그러던 중 '일단 뭐라도 해보자.' 하고 마음먹고 매일 산책을 하기 시작했다. 그러다 보니 배우자도 아이도 함께 산책을 시작했고 관계는 급속도로 좋아졌다. 매일 세 줄 일기를 쓰기 시작했다. 그렇게 매일 산책과 세 줄 일기를 쓰는 그 사소한 작은 일들이 그의 인생을 180도 바꿔

주었다. 책을 쓰고 강연을 하고 브랜딩 교육을 했다. 연봉은 3배로 늘었고 가정은 화목해졌다. 그가 인터뷰에서 이렇게 말하더라. 지금 자기의 인생은 심심할 틈이 없이 너무 행복하다고 말이다. 정말 말도 안 되게 작은 행동. 매일 산책, 매일 블로그에 일기 세 줄, 하루 영어 단어 5개 외우기, 이 사소한 것들을 3년 동안 했다. 그러자 그의 인생이 완전히 180도 바뀐 것이다.

그 작은 일 하나가 큰 변화를 가지고 온 것이다. 나비효과이다. 하지만 사람들은 나비효과 따위는 믿지 않는다. 단 한 번에, 한 달 만에 인생을 바꿀 생각과 아이템만을 찾고 있다. 덕분에 사기꾼이 판을 치고 성공한 사람들은 더 존중 받을 수 있다.

패자는 공상하고 승자는 행동한다.
100톤의 생각은 1그램의 행동만 못하다.
지금 마음속으로 품고 있는 소중한 꿈,
위대한 성공이 있다면 지금 당장 실천하고 움직여라.
그것이 당신의 성공을 만드는 위대한 시작이 될 것이다.
위대한 성공도 작은 발걸음, '스몰스텝'으로부터 시작된다.

06

안 되는 게 아니라 당신이 못하는 것이다

2018년에 사업장을 강남으로 이전하게 되었다. 비록 내 건물은 아니지만 우리나라에서 땅값이 가장 비싸다는 선릉역 바로 앞 테헤란로로 이사하게 된 것이 꿈만 같았다. 5년 전만 해도 빚쟁이에 채권자들을 피해서 도망 다니기 바빴고 고향인 천안에서 월세 20만 원짜리 1인용 사무실을 빌려서 시작했던 사업이 4인용 사무실로 그리고 30평, 40평, 60평을 거쳐 지금은 120평짜리 사무실을 쓸 정도로 발전하게 되었다. 나는 태어나서 한 번도 내가 강남에서 무언가를 하겠다고 꿈꿔 본 적이 없었다. 그런데 어느 순간 한 번도 꿔본 적 없던 기적 같은 일이 나에게 벌어지게 되었다. 처음 강남으로 사무실을 이전했을 때 이곳저곳에서 축하의 의미로 많은 화환과 화분을 선물 받게 되었다. 한 번은 여느 때와 다름없이 이전 준비로 바쁜 시간을 보내고 있을 때 화원에서 전화가 왔다.

"화분을 배달해 드려야 하는데 지금 계신가요?"

"네, 사무실에 있으니 가져다주세요."

얼마 지나지 않아 배달하시는 분이 커다란 화분 세 개를 가지고 사무실로 들어오셨다.

"화분 왔습니다. 어디로 놔 드릴까요?"

그 장면을 본 나와 직원들 사이에선 잠시 침묵이 흘렀다. 화분을 배달하시는 분은 오른쪽 손목이 없으셨다.

"아니에요, 그냥 저희가 옮길 테니 두세요."

"아닙니다. 이건 제가 하는 일이라, 말씀하세요, 어디로 놔드려요."

"저희가 할게요."

"그게 더 불안해요, 이거 화분 무거워서 들다가 깨뜨리시는 분 많이 봤습니다. 그냥 제가 하는 게 낫습니다."

우리의 만류에도 극구 혼자서 그 무거운 화분을 뚝딱뚝딱 옮겨놓으시고는 확인 사진을 몇 장 찍으신 뒤 고맙다는 인사도 제대로 받지 않으시고는 아주 쿨하게 사라지셨다. 그 사장님이

가신 뒤로 혼자서 많은 생각을 하게 되었다. 그 사장님은 처음부터 손목이 없으셨던 걸까, 아니면 불의의 사고로 그렇게 되신 걸까? 선천적이었든 불의의 사고였든 평범한 일반인들보다는 힘도 약할 수밖에 없고 생활하기가 불편할 수밖에 없는 장애였다. 그런데 그분은 어떻게 트럭을 자유롭게 운전하고 평범한 사람들도 옮기기 힘든 무거운 화분을 쉽게 옮기실 수 있었을까? 나라면 팔이 한쪽 없는 장애를 가졌을 때, 저런 일을 할 수 있을 것이라는 생각이나 도전을 할 수 있었을까? 아마도 나는 생각조차 하지 않았을 것이고 포기했을 것이다. 하지만 그 사장님은 그 불가능할 것 같은 일을 이루어내셨다. 그런 분이 정말 이 시대가 원하는 롤모델이고 생활의 달인이 아닐까 싶다.

얼마 전 휴대폰 매장을 하는 친구를 만났다. 이번에 폐업을 하게 되었다는 것이다. 직장 생활을 하며 모았던 돈을 적지 않게 날렸다고 했다. 그는 말했다. '경기가 너무 어려워, 정말 이 나라는 최악이야.'

우리나라가 지금까지 모두가 잘 살 수 있을 만큼, 모두의 욕심이 채워질 만큼 경기가 좋았던 적이 있었던가? 적어도 내가 태어나서 경제라는 것을 알기 시작한 뒤로 그런 때는 존재하지 않았다. 언론에서는 매일 역대 최악의 경제 상황, 최악의 경기라고 말한다. 오히려 일상에서보다 언론을 볼 때, 정말 그런가 하는 생각이 든다. 하지만 내가 스스로를 다잡지 못했고 방황하며 사업이 망해, 세상을 욕할 때도, 시장에서는 스스로 자수성가하는 성공의 롤모델들은 계속해서 탄생했다. 최악의 경기이지만 성공자들은 계속해서 탄생하고 있다. 역대 최악의 경기라는 뉴스가 언론에서 말하는 역대 최고의 폭염이라는 기사로 밖에는 보이지 않는다. 그냥 계속 더워질 뿐이다. 하지만 이 더위에도 시원한 여름을 보낼 수 있는 사람들은 얼마든지 많다. 어떤 선택을 하고 어떻게 행동했는가의 차이라고 생각한다.

그 친구는 내게 또 이렇게 말했다.

"어디 기가 막힌 신박한 아이템 없어?"

"신박한 아이템이 어딨어! 신박하게 만들어내는 거지."

그 친구에게서 뿐만이 아니라 괜찮은 아이템, 좋은 아이템이라는 이야기를 시장에서 많이 듣는다. 하지만 그런 아이템은 없다고 생각한다. 정말 블루오션을 만들어내면 좋겠지만 세상에 그런 아이템이 정말 존재하겠는가!

예전에 치즈등갈비라는 음식을 처음 먹었을 때, 정말 신기하고 맛있었다. 어떻게 이런 분위기로 이렇게 맛있는 맛을 내며, 치즈를 산더미 같이 덮어서 이런 예쁜 음식을 만들어냈는지. 그 가게는 언제나 손님들로 만원이었다. 하지만 6개월이나 지났을까? 거리 곳곳에 치즈등갈비 가게들이 넘쳐나기 시작했다. 골목마다 치즈등갈비 집이 없는 곳이 없었다. 그런데 지금은 치즈등갈비 집을 찾는 일이 힘들다. 모두 사라져버렸다. 우후죽순 생겨나는 같은 음식에 사람들은 질려버렸고 치즈등갈비 가게는 모두 함께 자멸해 버렸다. 하지만 아직도 그 아이템으로 장사가 잘 되는 집은 존재한다.

뭘 하느냐가 아니라 누가 하느냐다.

지인의 초대로 갤러리 파티에 간 적이 있었다. 미술관에 많은 사람이 모였고 자유롭게 그림을 보며 술과 음식을 즐겼다. 소위 말하는 잘나가는 전문직, 사업가들이 모여서 교류하는 자리였다. 물론 그림에 '그' 자도 모르는 나에게는 아무 재미도 없는 지루한 시간이었다. 그림을 봐도 도통 뭐가 뭔지 도무지 모르겠고 이해도 안 갔다. 아직까지는 교양, 예술 감각이 많이 부족한 것 같았다. 그런데 내가 보기에는 이게 무슨 그림인지 조차 도무지 이해가 가지 않는 그림들의 가격이 수천, 수억에 달한다는 것이 더 의아했다. '이런 걸 정말 사는 사람이 있나?' 싶을 정도였다. 직접 실물로 본 그림은 아니지만 가장 신기했던 작품은 바로 이우환 작가의 〈조응〉이라는 작품이었다. 가격이 무려 17억이라고 했다. 만약 내가 이렇게 붓으로 점을 찍었다면 내 그림은 얼마의 가치를 가지게 될까? 아마도 0원이지 않을까 싶다. 내가 도화지에 붓으로 점을 찍은 그림을 단돈 천 원이라도 내고 사려는 사람은 없을 것이다. 그림을 전혀 모르는 내게 17억짜리 그 그림은 달랑 점 하나로만 보였다. 하지만 이우환 화백이 만들어낸 그 그림의 가치는 무려 17억이었다. 그 화백의 몸값이고 작품세계의 가치였던 것이다.

내 친구 중에 대대손손 황금 수저로 태어난 녀석이 있다. 그 친구는 언제나 최고급 럭셔리 라이프를 즐기며 일반인들은 상상도 할 수 없는 비싼 명품으로 온몸을 도배하고 다녔다. 특히 그 친구는 시계에 많은 돈을 투자했다. 5, 6천만 원이 넘는 시계를 몇 개씩 가지고 있었다. 한 번은 그 친구와 함께 차를 타고 가는데 차 안에 고급스러워 보이는 시계가 하나 있었다.

"이야, 이거 좋아 보인다. 이건 또 얼마짜리야?"

"응 그거 일억."

"일억! 이야 역시 일억 짜리 시계는 다르다. 무게부터가 다르네. 이거 아까워서 어떻게 차고 다녀?"

"농담이야, 일억은 무슨, 그거 지인이 중국에서 짝퉁 시계

사 왔는데 짝퉁이라 안하고 다녀."

난 정말 믿었다. 그리고 그 친구가 그 20만 원짜리 시계를 차고 나가서 일억 짜리라고 말해도 거기에 누구 하나 토를 달 수 있는 사람은 없었을 것이다. 그 사람이 했기 때문이다. 지금 내가 아무 제품이나 가지고 스위스 산 명품이라고 하면 사람들은 모두 믿는다. 누구 하나 토를 달지 않는다. 왜? 내가 했으니까. 나를 부자라고 믿으니까.

세상에 나만 아는 기가 막힌 아이템은 없다고 생각한다. 그리고 한물 간 아이템도 없다. 세상에 정말 불가능이라는 것이 있을까? 나는 불가능이란 없다고 믿는다. 불가능하게 만드는 무능한 사람만 있을 뿐이고 누가 했느냐의 차이일 뿐이다.

불가능한 일은 없다.

무능력한 사람만 있을 뿐!

07

생각의 확장

사람들은 돈을 버는 방식에 대해서 굉장히 고민한다. 물론 사람마다 돈을 버는 방식은 제각각이다. 하지만 부자들의 생각하는 방법은 비슷하다고 본다. 나는 그것을 생각의 확장이라고 한다.

〈골목식당〉은 내 인생 프로그램이다. 그 프로를 볼 때마다 왜 가난한 사람들은 계속 가난하고 부자들은 어떻게 부자가 되는지가 다 나온다고 생각하게 된다. 골목식당을 본 사람이라면 '홍탁집' 사장을 모두 기억할 것이다. 당시 일반인인 사장님은 어떤 멍청함과 뺀질거림의 대명사가 되었다. 그 해 SBS 연예대상은 '홍탁집' 사장을 줘야 한다고 할 정도로 큰 화젯거리가 되었다. 그때 '홍탁집' 사장이 사람들을 광분하게 했던 것이 하나 있다. 백종원 대표가 사비를 들여가며 그에게 닭을 사다 주었고 닭을 토막 내는 것을 연습하라고 했다. 그리고 며칠 뒤에 방문해서 닭을 토막 내어 보라고 시켰다. '홍탁집' 사장은 연습한대로 툭툭 닭을 모두 토막 내었다. 그리고 백종원 대표가 물었다.

"이게 총 몇 토막이야?" 그는 대답하지 못했다. 그 장면을 보고 나도 놀랐다. 본인이 백 마리 넘게 닭을 토막 내어 놓고는 그 개수를 모른다는 것이 더 신기했다. 놀라울 따름이었다. 그냥 이 사장님은 아무런 생각 없이 기계처럼 닭을 자른 것이다. 본인이 이 일을 왜 하는지도 모른 채 그냥 시키는 대로, 그냥 하라고 하니까 딱 시키는 그것만 그대로 한 것이다. 사람들은 어떻게 저럴 수가 있냐며 그를 손가락질했다. 나는 이것을 생각의 확장이 일어나지 않은 것이라고 생각한다. 어쩌면 주입식 교육의 폐해일까? 그냥 시키는 대로 생각의 확장 없이 그냥 기계처럼 일한 것이다.

예전에 우리 직원이었던 사람도 그랬다. 그날 오시는 손님들에게 프린트물을 나누어줘야 했고 스테이플러로 이것을 찍어서 정리해놓으라고 했다. 그리고 손님들 오실 시간이 되어서 마지막으로 한 번 점검할 때였다.

"저거 총 몇 부야?"

"모르는데요."

황당했다. 모른단다. 그냥 스테이플러 찍으라니까 그것만 한 것이다. 시키는 그것만 딱. 마침 그때 그 직원이 점심을 먹으면서 홍탁집 아들을 욕하던 것이 떠올랐다. 그래서 말했다.

"대리님, 그때 욕했던 홍탁집 아들이 닭 자르면서 몇 조각인지 모르는 거랑 지금 프린트물 찍으면서 몇 부인지 모르는 거랑 무슨 차이가 있어요."

그랬더니 그는 얼굴을 시뻘겋게 만들면서 지금 하면 되지 왜 그렇게 말씀하시냐면서 씩씩거리고 화를 냈다. 어지간히 치욕적이었나 보다. 하지만 나는 지금도 그 둘 사이에 어떤 차이가 있는지 모르겠다.

교육을 하고 유튜브 채널을 운영하다보니 이런 케이스를 수도 없이 본다. 무슨 방법에 대해서 이야기해주면 그래서 도대체 그걸 어떻게 하는 것이냐면서 정확하게 말해달라고 한다. 구체적으로 본인한테 어떻게 적용시켜야 하냐고 묻는다. 말이 쉽지 그게 쉽냐고 말한다. 그냥 떠먹여 달라는 이야기다. 이렇게 말하는 사람들을 보면 신기하다. 차라리 대신 돈을 벌어다 달라고 하지 일은 뭐하러 하는지 모르겠다. 어떤 방법을 알게 되었을 때 그것을 본인에게 어떻게 적용시킬지 전혀 생각하지 않는다는 것이다. 난생처음 보는 나에게 정확히 본인에게 어떻게 사용할 수 있는지 구체적이고 정확한 방법을 내놓으라고 한다. 내가 왜? 무슨 권리로 그것을 내게 그렇게 말하는 걸까? 그리고 세상 그 누가 본인에게 맞춤으로 그냥 따라만 하면 순식간에 부자가 될 수 있는 그런 방법을 이야기해줄까? 그것도 본 적도 없는 사람에게? 게다가 유튜브라는 '공짜 콘텐츠 공간'에서? 머리가 나쁜 건지, 생각이 없는 건지. 참 궁금하다. 만약 당신을 위해 그렇게 해주겠다는 사람이 있다면 그건 사기꾼이나 부모님 정도가 되지 않을까. 많은 비용을 지불하면 모르겠지만. 그렇지 않고서야 세상 그 누구도 대신 공짜로 물고기를 잡아다가 입에다 넣어주지 않는다. 이 치열하고 잔인한 자본주의 사회에서는 있을 수 없는 일이다.

본인의 목표가 있다? 그럼 '목표를 이루어야지.'만 생각할 게 아니라 생각을 확장시켜라. 내 목표가 월 천이다. 그런데 지금 300만 원을 벌고 있다. 왜 난 이것밖에 못 벌까? 어떤 부분이 부족하고 잘못된 걸까? 어떻게 해결하고 풀어나가볼까? 보완하고 수정할 점은 무엇인가? 그렇게 하나씩 문제를 해결해 나가는 것이다. 롤모델이 있다면 저 사람은 왜 저렇게 하는 걸까?

저 사람은 이런 방식을 쓰네. 하나씩 그 사람의 방식, 그 사람에게 끌렸던 것을 역순으로 되짚어가면서 본인에게 적용시켜 나가는 것이다. 저것을 어떻게 하면 나의 것으로. 나의 색을 입힐 수 있을지를 생각을 확장시켜 나가는 것이다. 더 간단하게 이야기하면 이런 것이다. 보통의 사람들은 부자가 되고 싶다는 생각을 이런 식으로 한다. '나는 골프를 잘치고 싶다.' 이게 끝이라는 것이다. 나는 골프 천재가 되어야지. 이렇게 생각해서 골프를 잘 치는 사람이 존재할까? 정말로 골프를 잘 치고 싶다면 생각을 확장시켜야 한다. 내가 골프를 잘치고 싶다고 마음먹었다면 나는 몇 타를 쳐야 잘 치는 것일까. 90타를 목표로 삼자. 그럼 지금 나의 문제점은 무엇일까. 비거리가 안 나온다. 그럼 비거리를 늘리자. 비거리를 잘 나오게 하려면 어떻게 해야 할까. 스윙 폼을 바로잡자. 연습을 더 많이 하자. 하루에 2시간 일주일에 3번은 연습장에 가자. 그럼 골프채도 비거리를 늘릴 수 있는 것으로 바꿔보자. 근력이 떨어지니 운동으로 근력을 키우자. 프로에게 레슨을 받자. 이렇게 하나씩 생각을 확장시키고 이것을 실천해야 목표를 이루게 되는 것이다.

막연하게 아무런 생각 없이 부자가 되고 싶다. 골프를 잘 치고 싶다. 재테크를 잘하고 싶다. 이것만 생각해서는 꿈이 이루어질 리 없다. 아니라는 것을 누구보다 잘 알고 있을 것이다.

생각을 확장시키고 그 생각을 행동으로 옮겨야 한다. 그래야 목표가 이루어진다.

맥도날드를 세계적인 햄버거 왕국으로 만든 레이 크록 회장, 52살의 한물간 밀크 쉐이크 영업사원이었던 그는 동네 작은 햄버거 가게였던 맥도날드를 보게 된다. "맥도날드의 시스템을 가지고 프랜차이즈를 만든다면 돈을 벌 수 있겠는데."라는 생각으로 출발하여 점점 생각을 확장시켜나갔다. 어떻게 프랜차이즈를 하고 똑같은 맛을 낼 수 있을까? 관리자를 투입하자. 제품을 직접 만들어서 보내자. 하나씩 문제를 해결하며 본인의 색을 입히고 본인의 영업 시스템을 더했다. 그 시스템을 통해서 작은 동네 햄버거 가게였던 맥도날드는 세계 최대의 햄버거 프랜차이즈로 성공할 수 있었다.

만약 그가 생각의 확장 없이 '그냥 맛있는 가게구나.'하고 끝냈다면, 아니면 그냥 하던 대로 계속 맥도날드 형제와 싸워가면서 프랜차이즈 사업을 운영했다면. 지금 같은 왕국이 탄생할 수 있었을까? 절대 아니라고 본다. 그는 성공하기 위해서 계속해서 생각을 확장시켜나갔고 그것을 실행에 옮긴 결과를 만든 것이다. 이것이 부자의 생각법이다. 하지만 가난한 사람의 생각법은 이렇다. '음 맛있다. 좋네. 돈 잘 벌어서 좋겠다.' 아주 1차원적인 생각. 이 시스템을 어떻게 이용하면 더 좋겠다를 생각하지 않는 것이다.

예전에 회사 창고 바닥에 쓰레기부터 먼지가 한가득 쌓여 있었다. 한 직원에게 저기 창고 더러운 것 좀 싹 쓸라고 하고 조금 있다 가보니까 먼지는 그대로 쌓여있고 딱 쓰레기 떨어진 것 몇 개만 쓸었더라. 그래서 불러서 말했다. 이 먼지 쌓인 것 안보이냐고. 그랬더니 직원은 이렇게 말하더라.

"쓰레기 떨어진 것 쓸라면서요."

생각을 하지 않는 것이다. 기계다. 이렇게 하려면 영업이나 사업 말고 정말 시키는 일만 할 수 있는 직종을 택해야 한다. 세상에 그 어떤 성공한 사업가도 이런 방식으로 생각하는 사람은 없다.

다른 사람의 어떤 방식이나 시스템을 보고
이것을 어떻게 하면 나한테 적용할 수 있을까?
어떻게 하면 여기에 나의 색을 입힐 수 있을까?
생각을 확장하면서 본인의 것으로 만들어가기 때문에
성공할 수 있었던 것이다.
생각을 확장해 나가는 것을 고민하고 연습해라.
그럼 분명히 당신도 원하는 모든 것을 이룰 수 있게 된다.

08

시간은 배신하지 않는다

사람들이 제일 많이 물어보는 질문이 있다.

"대장님은 그 힘든 시간을 어떻게 보내셨나요?"

돌이켜보면 나도 잘 모르겠다. 나도 도대체 어떻게 그 힘든 시간을 이겨냈는지 모르겠다. 전에 방송에서도 한 번 이야기했는데 다시 돌아가면 이겨낼 자신이 없다. 너무나 고통스러운 시간이었으니까. 그래서 다시 돌아가지 않기 위해서 열심히 일한다. 가난이라는 트라우마는 너무 무섭다.

'나는 도대체 그 시간을 어떻게 이겨냈을까?' 비결은 바로 시간이었다. 시간이라고? 이게 무슨 이야기인지 궁금할 것이다. 29살에 힘든 시간을 보내면서 반대로 한번 생각해봤다. 나는 도대체 어쩌다 이렇게 살고 있을까? 하나씩 답을 찾기 시작했다. 내가 내린 결론은 다음과 같다.

나는 학창 시절에 친구들은 열심히 앉아서 공부할 때, 놀러 다니기 바빴다. 걔들이 공부가 즐거워서, 놀 줄 몰라서 그렇게 열심히 산 것이 아닐 텐데 나는 그 시간에 재미와 쾌락을 택했다. 성인이 되어서는 일찍이 돈 좀 벌었다고 흥청망청 쓰고 허세 부리기 바빴다. 매일 술과 담배, 유흥에 찌들어 살았다. 미래 따위는 잊고 그냥 오늘 하루를 신나게 살았다. 아니 되는 대로 막 살았다. 내가 그렇게 막 살아온 시간들이 지금에 와서 나에게 복수를 하는구나. 나는 이것을 시간의 복수라고 생각한다. 그런데 또 다르게 생각해보니 지나간 시간이 나에게 이렇게 잔인하게 복수를 하고 있는데 내가 죽어 없어지지 않는 한은 시간은 또 내 옆에 있더라. 시간이 한 번 더 나에게 기회를 주는 거라고 생각했다. '그래, 지나간 시간이 나에게 복수를 한다면 앞으로의 시간은 나에게 보답하게 만들자.' 시간을 허투루 쓰지 않기로 했다. 매일 아침 수첩에 오늘 내가 할 일을 상세히 적었다. 그리고 잠들기 전에는 내가 오늘 어느 정도의 일을 했는지 스스로에게 점수를 매겼다. 6년째 매일 하는 일이다. 그렇게 시간의 보답을 받기 위해 노력했다. 지금 내가 누리는 많은 것들은 내가 그 누구보다 열심히 살아온 지난 시간들이 나에게 주는 보답이라고 생각한다. '그래, 규호야, 지금까지 너는 누구보다 열심히 살았고 그걸 증명했으니 내가 너에게 이만큼의 보상을 내리겠다.'하고 말이다.

자본주의 사회에서는 모든 것이 불평등하다. 여기서 평등을 외치는 일, 평등하고 공평한 세상이 오길 기다리는 건 정말 바보 같은 짓이라고 생각한다. 나도 돈이 생기고 위치가 높아질수록 예전에 꿈꿨던 평등을 바라지 않는다. 돈으로 인해 생기는 차별을 원한다. 사람들은 십만 원 쓰는 사람과 백만 원 쓰는 사람이 똑같이 대우받길 절대 원치 않는다. 만약 내가 십만 원 쓰는 사람이라면 불공평하다고 말할 것이고 백만 원을 쓰는 사람이라면 당연한 것이라고 말할 것이다. 그래서 앞으로의 세상은 더 불평등해질 것이라고 본다. 하다못해 어린아이들이 가는 꿈과 희망의 나라 '에버랜드'에서조차 돈을 더 내니까 놀이기구를 바로 탈 수 있는 티켓을 팔더라. 덕분에 '사파리'하고 '프리패스' 티켓을 끊어서 거의 백만 원 돈을 쓰고 왔다. 대신 그만큼 편하게 우리끼리 즐겁게 놀다 올 수 있었다. 아이들의 공간인 놀이공원에서 조차 쓰는 비용에 따라 확실하게 차별을 해주고 등급을 나누었다. 어디 그것뿐인가. 재능의 차이, 재산의 차이, 부모의 차이, 모든 것이 평등해질 수 없다. 그런데 시간만큼은 누구에게나 공평하다. 부자에게도 가난한 사람에게도 하루는 24시간이다. 내가 이런 내용을 유튜브에 올렸을 때, '시간의 질이 다르네, 부자는 자기가 할 일을 다른 사람 시키고 시간을 벌수 있네, 어쩌네.' 말이 있었다. 그건 당연하다. 조금 더 유리할 뿐 결국 시간은 24시간이다. 그렇게 말하는 사람은 그것조차 평등하지 않으니 '그래서 나는 부자가 못된다. 성공하지 못한다.' 이런 말을 하고 싶은걸까? 그런 마인드의 사람이라면 그냥 다시 태어날 수 있다면 사우디 왕세자로 태어나길 바란다. 그 정도 수준이 아니고서야 당신에게 세상은 온통 불공평과 불행만 가득한 곳일 테니까.

지금 당신은, 당신의 시간을 어떻게 보내고 있는가?

한 번 진지하게 생각해 보길 바란다. 앞으로의 당신에게 찾아올 시간들이 당신에게 복수를 할지, 아니면 보답을 할지를 말이다.

시간은 당신에게 복수하거나 보답한다는 사실을

절대 잊지 않길 바란다.

09

욕망의 노예

퀴즈를 한번 해볼까.

첫 번째, 당신은 헬스트레이너다. 그런데 엄청 덩치가 크고 비만인 사람이 당신에게 찾아와서 일주일 만에 20키로 감량하고 복근 만들어서 몸짱 될 수 있냐고 묻는다. 당신은 뭐라고 할 건가?

1. 할 수 있다. 함께 하자.
2. 말도 안 되는 소리 하지 말고 꺼져라.

두 번째, 당신에게 정말 괜찮은 아이템이 있다. 그 기술력도 가지고 있고. 사업자금이 일억 정도 예상되는데 당신에게는 5천만 원밖에 없었다. 그래서 친한 친구를 찾아가 동업할 생각이 없냐고 물어봤다. 친구가 말했다.

"좋은 생각이다. 그런데 작은 조건이 있다. 나는 하루에 세 시간만 일하고 월급은 고정급으로 2천만 원, 그리고 6개월 안에 투자금의 열배를 수익금으로 약속해라. 원금 역시 돌려줘야 한다."

당신은 뭐라고 대답하겠는가?

1. 아주 좋은 조건이군, 함께 하자.

2. 꺼져! 이 ×××야.

세 번째, 매일 일은 안하고 술과 게임에 빠져서 허송세월을 하는 친구가 나에게 찾아와서 이야기한다. 자기는 정말 열심히 사는데 왜 안 되냐고, 힘들다고. 당신은 뭐라고 대답하겠는가?

1. 힘내, 넌 할 수 있어. 넌 아직 때를 만나지 않은거야!

2. 말 같지 않은 소리하지 말고 꺼져 이 ×××야.

내가 낸 문제의 정답을 모두 맞힐 수 있겠는가? 사실 정답은 없는 퀴즈다. 사람들은 모두 제 각각 다른 성향을 가지고 있으니 말이다. 하지만 대다수의 사람이 2번을 선택했을 것이라고 본다. 그게 상식적이고 합리적이니까.

나는 세상 모든 비즈니스의 원리는 비슷하다고 본다. 그리고 우린 어떻게 하면 성공할 수 있는지도 이미 알고 있다고 본다. 다만 실천하지 못할 뿐,

헬스장에 가서 하루 만에 자신을 몸짱으로 만들겠다는 어이없는 생각을 하는 사람이 있을까? 당연히 없을 것이다. 왜? 불가능하다는 것을 우리 모두가 알기 때문이다. 여기서 가장 중요한 건 내가 일단 몸짱이 되겠다고 생각을 했다는 것이다. 운동을 해서 몸짱이 되겠다고 마음을 먹으면 유튜브도 보고 책도 사서 읽고 어떻게 운동을 할지 식이요법은 어떻게 할 것인지 세분화된 계획과 목표를 세운다. 하루는 어깨, 하루는 어디, 식단은 매일 닭가슴살에 계란 하나 이런식으로. 더 빠르게 더 좋은 몸을 만들고 싶다면 이제 전문가의 힘을 빌려 트레이너에게 개인 pt도 받을 것이다. 가장 중요한 마지막 단계, 온갖 시련과 유혹을 이겨내면서 긴 시간 동안 많은 노력을 할 것이다. 이 모든 과정을 거친 사람만이 몸짱이 된다는 것은 우리 모두가

알고 있는 매우 지극히 상식적인 일이다.

돈이라는 것이 끼면 이런 합리적이고 상식적인 생각을 하지 않는다. 오로지 비정상적인 욕망만으로 가득해진다. 나의 비즈니스에서 한 걸음씩 앞으로 나가는 것이 아니라 단기간의 엄청난 일확천금을 노린다. 시작하자마자 폭발적으로 세상을 바꾸고 어마어마한 돈을 벌기를 바란다. 그리고 어느 정도 하다 안 되면 포기한다. 그때부터는 그냥 그렇게 성장이 아닌 유지를 하며 하루하루 버티는 모습으로 살아간다. 운동을 하다가도 정체되면 다른 방법을 찾지만 비즈니스는 그렇게 안한다. 하다 안 되면 그냥 자포자기하고 온갖 세상 탓을 하며 포기한다. 앞에 냈던 퀴즈에서처럼 말도 안 되는 욕망만 남게 된다.

몇몇 사람들은 모 유튜버의 돈 번다는 말만 믿고 해외선물, FX마진 거래 같은 말도 안 되는 짓을 했다. 한 유튜버가 FX마진 거래를 홍보해서 한 달에 받은 수익금이 4억이라고 했다. 참 '현타' 오는 순간이었다. 순간 나도 그거나 홍보할까 하는 생각까지 하게 됐다. 사람들은 그 유튜버의 말만 믿고 뭔지도 모르는 곳에 우르르 몰려가 자신들의 소중한 돈을 모조리 갖다 바쳤다. 그렇게 자기가 뭘 하는지도 모르고 돈을 걸고 전 재산을 날렸다. 그리고 TV에 나와 '불법인 줄 몰랐어요! 도와주세요!' 온갖 불쌍한 척하며 도와달라고 눈물을 흘렸다. 비참하고 치사하다. 자신의 욕망을 주체 못하고 욕망의 노예가 되어 도박을 해놓고는 불법인 줄 몰랐다? 말도 안 되는 변명이고 설사 정말로 몰랐다고 해도 본인의 책임이다. 그 누구를 탓하겠는가. 세상에 정말 한 달에 세 배, 네 배의 수익을 내는 것이 있을 것이라고 생각한 건가! 그것도 모두가 보고 있는 유튜버가 하는 단순 도박이! 이건 욕망의 노예이거나 지능의 문제가 있거나 둘 중 하나라고 본다. 네가 뭔데 그렇게 말하냐고 생각하는 사람이 있다면 어쩔 수 없다. 본인의 잘못을 뉘우치지 못하는 사람에게 미래는 없기 때문이다.

단기간에 리스크 없이 열 배, 백 배로 자산을 늘릴 수 있는 일은 없다. 제발 그런 일을 안다면 나 좀 소개해주길 바란다. 대한민국 모든 사람이 원하는 부자가 되고 싶다면 상식적으로 생각하자. 나는 성공이란 건 바둑돌을 놓는 것과 같다고 이야기하고 싶다. 그 어떤 바둑의 천재가 와도 바둑돌 하나로 게임을 이길 순 없다. 이 인생이라는 바둑은 끝없이 넓은 판에 수없이 많은 고수들과 바둑을 두는 것이다. 끊임없이 바둑돌을 하나씩 하나씩 놓으면서 계속 나를 성장시켜가야 한다.

말도 안 되는 허황된 생각으로 세월을 낭비하지 말자. 그 어떤 위대한 성공도 작은 한 걸음부터 시작된다. 하나씩 하나씩 내가 할 수 있는 것부터 시작해서 조금씩 나의 가치를 성장시켜 나가자. 위에 퀴즈를 모두 맞혔다는 것 자체가 이미 당신은 상식적이고 합리적인 충분히 부자가 될 수 있는 자질을 가진 사람이니까.

3장

나의 환경을 조정하고 바꿔라

WHY

생각이 가난한 사람은 온갖 부정적이고 우울한 에너지를 가져온다. 반면에 부자는 부를 담을 그릇을 넓히는 것에 집중하다 보니, 자연스레 주변에 누가 있는지를 신경 쓴다.

HOW

'나무를 보지 말고 숲을 보아라.' 이는 천재가 아닌 이상 못 본다. 나무가 아닌 숲을 보고 싶으면 더 높은 곳으로 올라가는 수밖에는 없다. 서 있는 위치를 바꿔라. 노력과 재능을 넘어서는 방법은 환경을 설정하는 것이다.

01

절박함과 노력의 기준

스물네 살의 청년이 처음 '현대캐피탈'이라는 영업조직에 취직했을 때, 회사에서 보여준 영상이 있었다. 지금 내 유튜브에 올라와 있는 영상이기도 하고 내 인생을 바꿔 준 영상이기도 하다. 내 유튜브에는 '절박함과 노력의 기준'이라는 제목으로 되어 있다.

지금은 고인이 되신 故 이종룡 선생님의 영상이다. 그는 자신이 진 빚 3억 5천을 갚기 위해서 5개의 아르바이트를 했다. 하루에 20시간이 넘게 일을 했다. 그리고 잠깐 짬이 날 때마다 쪽잠을 자며 그렇게 하루를 살아갔다. 그렇게 10년 동안 죽기 살기로 일해서 결국에는 모든 빚을 갚았고 그 후로도 똑같은 삶을 살다가 돌아가셨다. 대한민국에서 가장 성실한 사람이 아니셨을까 싶다. 물론 내가 좋아하는 방식은 절대 아니다. 무조건 몸빵으로 때우자 하는 식의 일을 좋아하지 않는다. 그렇게 해서 부자가 될 수 있는 세상은 절대 아니니까 말이다. 하지만 이 분이 내 인생을 바꿔준 이유는, 내가 '그래, 저 정도 해봐야, 노력이구나, 정말 절박하다면 저렇게 살 수 있어야 하구나.' 그렇게 생각할 수 있게 되었기 때문이다.

내가 어떤 일을 하며 나태해질 때마다 이 분을 생각했다. '그래, 난 아직 저만큼 노력하지 못했다, 엄살 부리지 말고 더 하자.' 잔인할 만큼 나를 채찍질하며 끌고 갔다. 그리고 그 잔인하고 처절했던 시간들이 지금의 나에게 충분한 보상을 주고 있다. 그것들 덕분에 지금은 내가 원하는 모든 것들을 이루었고 이루어 가고 있다. 경제적으로 힘들다는 것이 무슨 의미인지 잊고 살고 있다. 돈을 쓸 때 크게 고민하지 않는다. 내가 하고 싶은 것을 자유롭게 누리면서 주변 사람들을 풍요롭게 해준다. 이보다 행복한 삶이 또 있을까 싶을 정도다. 하지만 지금 교육을 하는 입장에 있기 때문에 우리 수강생들을 보면 너무 안타까울 때가 많다. 다들 똑같은 말을 쏟아낸다.

최선, 절박, 노력.

하지만 내 눈에는 그렇게 보이지 않는다. 도대체 뭐가 최선이고 절박한 사람의 태도인지 전혀 알 수가 없다. 그리고 나서는 바쁘다고 말한다. 바쁜 게 아니라 본인이 시간 분배를 제대로 하지 못했고 집중하지 못한 것이다. 허무하게 시간을 보내고 또 내일을 위해선 자야겠지, 사람도 만나야 할 테고, 아이를 키우는 사람들이라면 아이 케어 때문이었겠지. 누구나 다 사연이 있다. '나는 정말 나태하게 인생 막 살고 있지만 입으로는 핑계만 댑니다.' 이렇게 말하는 사람은 본 적이 없다. 다 각자의 사연으로 자신을 합리화할 이유를 만들어낼 뿐이다. 그렇게 사연으로 따지면 나는 사연이 없어서 여기까지 왔겠는가. 폭우가 쏟아지는 날 애기 봐 줄 사람이 없어서 우비 입혀서 데리고 다니면서 사다리 타고 높은 곳에 올라가 현수막을 걸었다. 그 모습을 사무실 사람이 보며 '저 새끼 진짜 미친 새끼, 독한 새끼'라는 말을 하는 것을 들었다. 자동차 뒷좌석에 아이를 혼자 두고 미팅을 들어가야 했다. 안면이 있는 회사는 직원들에게 부탁해서 아이를 돌봐달라고 부탁했다. 애를 데리고 새벽까지 일을 하고 돌아다녔다. 그때 만약 내가 우리 애를 생각했으면 집에 들어가서 씻기고 재우고 평범한 가정의 아이들처럼 돌봐주었겠지. 하지만 나는 그러지 못했다. 그게 아직도 마음이 아프지만, 그 시간에 내가 '애들 때문에'라는 이유를 앞세워

포기했다면 우리는 아직도 대한민국에서 비참한 삼류의 인생을 살고 있을 것이다.

내가 가르치는 수강생들, 그리고 나의 강의를 듣는 사람들, 만나는 사람을 각각 내가 다 따라다니면서 보는데, 그 사람이 '어떻게 하고 있는지'를 사실 내가 알 길은 없다. 하지만 '지금 내가 노력하고 있다'라는 것이 뿜어져 나와야 한다. 그것을 보여줄 수 있어야 하는 것이다.

노력은 설명하는 것이 아니라 증명하는 것이다.

나의 인생 명언. 이 말은 모두가 공감할 것이다. 정말로 노력하는 사람은 당장 성과는 드러나지 않아도 분명 성장한다. 성장하고 있다면 그 사람의 인생은 백만 프로 성공할 것이라고 믿는다. 성과를 쫓는 건, 미신 같은 것일 수도 있지만 나를 성장시켜가는 것은 어쩌면 우리같이 평범한 사람들이 성공으로 가는 유일무이한 길일 수 있기 때문이다. 국민 MC 유재석 씨도 말하지 않는가. 최선이 아니라 혼신의 힘을 다해야 한다고. 그리고 그것이 다른 사람들에게도 전해져야 성공한다고.

전 세계의 등산가들이 1922년부터 에베레스트 등반을 시작했다고 한다. 하지만 험한 산세와 극한의 날씨로 인해서 정산 등반에 실패하고 사망사고가 빈번했다. 하지만 사람들은 도전을 멈추지 않았고 드디어 1952년에 처음으로 에베레스트의 정상을 밟게 되었다. 그리고 매년 2명에서 3명 정도가 정상 등반에 성공했는데, 1988년에 50명이 넘는 사람들이 성공했고 그 후에는 더 많은 사람들이 등반에 성공했다. 과연 1년 만에 25배가 넘는 수치를 올린 비결은 무엇이었을까? 과학의 발전? 지름길의 발견? 날씨의 변화? 어떤 것도 아니었다. 비결은 단순했다. 해발 8천 미터의 정상을 오르는데 예전에는 베이스캠프가 3천 미터에 있었다고 한다. 그런데 88년에 누군가 베이스캠프의 위치를 5천 미터로 올린 것이다. 기준이 바뀌어버린 것이다. 예전에는 5천 미터를 더 가야 정상이었지만 이제는 3천 미터만 더 오르면 정상을 밟게 된 것이다. 베이스캠프의 기준을 바꾼 것 하나가 성공률을 25배 이상 올린 것이다. 그럼 그전에는 왜 3천 미터 지점에 베이스캠프가 있었느냐? 그 해답은 '그냥, 남들이 다 그렇게 하니까'였다.

단순히 기준을 올렸을 뿐인데 25배가 넘는 성공모델이 탄생한 것이다.

당신의 기준을 올려라.

당신의 삶도, 노력도, 성장도. 기준을 바꿔라.

그 기준에 맞춰 살게 될 것이고

그 기준이 당신의 인생을 바꿔줄 테니.

02

가난한 아버지가 내게 남겨준 것

나는 아버지에 대한 추억이 거의 없다. 워낙 어렸을 때 이혼을 하셨고 출장이 잦은 직업 덕분에 집에 계신 날이 많지 않았다. 아버지에 대한 추억도 없고 아버지가 남겨주신 자산이 있는 것도 아니지만 나는 아버지께 감사하며 살아간다. 돈과 자산은 아니지만 딱 하나 나에게 주고 간 것이 있기 때문이다. 어렸을 때부터 아버지가 귀에 딱지가 앉도록 했던 말이 딱 두 가지 있었다.

첫 번째 나의 좌우명 중 하나 '규호야! 돈값 하면서 살아라.'

"네가 백만 원을 받으면 이백만 원어치의 일을 해줘라. 그리고 이백을 받으면 사백만 원어치의 일을 해줘라. 그럼 넌 뭘 해도 성공할 수 있다."

하도 많이 들어서 까먹지도 않는다. 술만 마시고 집에 오면 매번 하셨던 이야기였다. 나는 어렸을 때부터 이 말을 잊지 않고 살았다. 16살, 중학교 3학년 때 학교가 끝나면 치킨집으로 아르바이트를 하러 다녔다. 택트라는 오토바이를 타면서 아파트 단지로 배달을 다녔다. 그 가게는 홀과 배달 둘 다 하는 매장이었는데 홀도 테이블 개수가 20개 정도 나오는 제법 큰 매장이었다. 홀은 사모님과 아르바이트생 한 명이 담당했다. 나는 배달이었는데 배달이 끝나면 크게 할 것이 없었다. 그래서 남는 시간에는 꼭 홀서빙이랑 청소를 도와줬다. 그랬더니 사장님께서 시급을 알아서 올려주시더라.

그리고 17살 때는 학교를 그만두고 본격적으로 중국집에서 먹고 자며 배달을 했다. 그곳은 배달원이 10명이 넘는 제법 큰 가게였다. 특이했던 점이 그 집은 중국집부터 치킨, 한식, 족발, 냉면까지 각종 상호를 가지고 전부 배달을 한다는 것이었다. 그곳에 상호만 20개가 넘게 있었고 주방장만 6명이었다. 점심, 저녁, 피크 시간에는 정말 전쟁이 따로 없었다. 주방이 4개가 있었는데 피크시간에는 사방에서 각종 음식이 튀어나왔다. 10명이 넘는 배달원이 음식 배달에 정신이 없었다. 배달원, 전화받는 직원, 지배인, 주방장까지 20명 가까운 사람들이 붐비니 전쟁도 이런 전쟁이 없었다. 거기에 쉬지 않고 울려대는 시끄러운 벨소리가 정말 전쟁터를 방불케 했다. 배달원들은 일 분, 일 초도 쉴 틈 없이 음식을 배달했다. 그러던 중, 전표가 들어온 것들을 쭉 한번 볼 때였다. 문득 그 여러 가지의 음식을 가까운 동네별로 같이 가면 더 좋을 것 같았다는 생각이 들었다. 중식이랑 치킨을 같은 아파트로 배달을 보낸다. 음식이 각기 다른 주방에서 빠지니 그 음식만 들고 가는 것을 보고 누가 시키진 않았지만 막내의 건방진 패기로 음식을 가까운 동네 별로 분류를 해줬다. 그렇게 하면 2명이 움직일 걸 한 명만 움직여도 됐으니까. 처음에는 형들한테 욕도 좀 먹었다. 네가 뭔데 '깝치냐'면서 한 마디씩 하시더라. 그리고 그렇게 분류를 하다 보니 자연스럽게 배달도 다른 사람들의 3분의 1도 못 가게 되었다. 끝나고 전표 맞추면서 형들에게 욕 뒤지게 얻어먹은 적이 한두 번이 아니었다. 그런데 하다 보니 형들도 이게 결과적으로는 일을 더 적게 할 수 있는 방향이라는 것을 알게 됐는지, 그냥 내가 하는 대로 따라주었다. 나중에는 사장님이 나를 따로 불러서 이렇게 말씀하셨다.

"규호야. 너는 배달 다니지 말고 지금처럼 묶어서 갈 수 있게 분류만 쭉 할래. 내가 시급 올려줄게."

나야 좋았다. 일단 추운 겨울이나 눈, 비 올 때는 최고였다. 실내에만 있는 역할이었으니까. 그리고 사장님의 대우가 대박이었다. 시급을 천 원 뭐 이렇게 올려주신 것이 아니라 세컨드 주방장님이랑 똑같은 수준까지 급여를 올려 주셨다. 정말 파격적인 인상이었다. 홀에서 지배인보다 내가 더 많은 시급을 받게 되는 신기한 일이 벌어진 것이다. 그때 내 나이가 17살이었는데 말이다. 그리고 나중에 가게를 그만둔다고 했을 때는, 사장님께서 '죽어도 안 된다. 너는 절대 못 그만둔다. 너 그만두면 월급 절대 안 줄 거다.' 그렇게 말씀하시며 나를 못 그만두게 하셨다. 그만큼 여기서 내 가치를 충분히 증명한 거다. 웨이터를 할 때도 마찬가지였다. 그때 사장님이 나한테 한 말이 자기가 술장사를 10년 넘게 했는데 손님 없을 때 창고 정리하고 술병 닦아놓는 웨이터는 네가 처음이었다고 하셨다. 그때문인지 매일 퇴근할 때마다 뭐 사먹고 가라, 택시타고 가라고 하시면서 돈을 막 주셨다.

그냥 습관이었다. 습관이니 어떤 일을 해도 마찬가지였다. 영업할 때도 고객들한테 이렇게 말했다. 나랑 백만 원짜리 계약을 하시면 대표님에게 이백을 가져다 드릴 것이고 이백만 원짜리 계약하시면 사백만 원을 갖다 드리겠다고, 아주 당당하게 말했다. 자신 있었다. 지금까지 그렇게 살아왔다. 나랑 계약하시는 금액의 배를 가져다주겠다. 나는 돈값 하는 사람이니까. 만약에 그렇게 안 된다면 스스로 계약을 깨겠다고 말했다. 어렸을 때부터 그게 머리에 박히니까 일을 하다가 힘들거나 대충하고 싶어질 땐 항상 이 생각을 한다. 돈값 하자.

지금까지 나를 스쳐간 직원이 몇 명이나 될까? 최소로 잡아도 200명은 족히 넘을 것이다. 그럼 그중에 저 사람은 돈값 이상을 한다고 느껴 본 사람이 몇이나 될까? 많아야 10% 정도다. 같이 일을 하다보면 최저시급도 주기 아까운 사람들이 너무 많다. 그런데도 자기가 일을 잘한다고 생각하는 사람이 정말 많다. 돈값, 몸값은 돈을 주는 사람이 판단하는 거지 혼자서 그렇게 생각한다고 되는 것이 아닌데 말이다. 지금 당신이 연봉 일억을 꿈꾼다면 최소한 일억 오천 이상의 가치를 보여 줘야 한다. 돈을 주는 사람들의 기준과 입장에서 돈값을 하고 있다고 느끼게 만들어 줘야 한다. 자연스럽게 성공은 따라오게 된다.

두 번째 '규호야! 생각하며 살아라. 모든 것은 받아들이기 나름이다.'

우리 아버지의 지겨운 레퍼토리, 모든 것은 받아들이기 나름이다. 예전에 알콜 중독자 아버지 밑에 두 아들이 있었다. 그런데 첫째는 아버지가 알코올 중독자인데 내가 뭘 할 수 있겠어. 내 환경이 그런데 하면서 똑같은 알코올 중독자가 됐고 둘째는 난 절대 아버지처럼 살지 않겠다고 말하면서 노력해서 결국에는 훌륭한 변호사가 됐다. 이건 한 백번 넘게 들은 레퍼토리였다. 그때는 듣기 싫은 잔소리에 술 취해서 하는 이야기가 지겹게만 여겨졌다. 자식들 두고 간 것을 핑계대기 위해서 하는 이야기라고 생각했다. 그런데 시간이 지나고 보니까 이것만큼 맞는 얘기가 또 없더라.

내가 항상 조심하는 것 중 하나가 있다. 바로 열등감과 자격지심이다. 예전에 힘들 때 나는 정말 열등감이랑 자격지심으로 똘똘 뭉친 부정덩어리였다. 요즘 내가 운전을 하면 와이프가 그런다.

"왜 이렇게 자꾸 껴줘, 화도 안나?" "화가 날게 뭐있어. 그리고 화 내봐야 나만 손해지. 양보는 날 위해서 하는 거야."

그런 도인 같은 이야기를 주고받을 때가 있다. 그런데 예전에는 이런 일은 상상도 할 수 없는 일이었다. 모닝을 끌고 다닐 때는 저렇게 여유롭지 않았다. 누군가 갑자기 끼어들거나 내가 차선을 변경할 때 끼워주지 않으면 '저 새끼가 나 경차라고 무시하는 거지. 넌 죽었어.' 막 경적 울리고 저주의 욕을 퍼부었다. 그리고 화가 주체 안 될 때는 담배 물고 쫓아가고 별별 짓을 다했던 적도 있었다.

그런데 지금 생각해보면 누가 경차라고 끼어들었겠는가. 나도 각종 차를 다 타봤지만 운전을 하면서 경차라고 해서 끼워주지 않거나 그 앞을 끼어드는 운전자는 없을 것이다. 그냥 때마침 낄 만한 타이밍이었으니까 끼어든 것이고 끼워주지 않는 사람은 어떤 차가 와도 양보해주지 않았을 것이다. '앗싸! 경차니까 껴들어야지. 어! 벤츠니까 안 돼.' 이렇게 하는 사람은 없을 것이다. 그냥 혼자만의 열등감과 자격지심이었던 거다. 그때의 내 화는. 혼자 오버하면서 스트레스 받고, 혼자 세상을 저주했다. 열등감 3관왕, 트리플 세트를 다 갖추고 있었다.

예전에 성공한 사람들이 나오면, ××하네, 집이 잘 사는 거지. 거 봐, 역시 부모가 부자네. 이렇게 부정적인 점을 찾으려고 노력했다. 지금은 성공한 사람들을 보면, 집이 무슨 상관인가, 그 사람한테서 배울 것을 찾고 나에게 접목시킬 것을 찾으면 되는 거지. 집이 좀 부자여서 도움받으면 어떤가, 그것 역시 그 사람이 가진 것인데. 집이 부자인 사람은 성공하면 안 되는 것도 아니지 않은가. 집이 부자라고 해서 그 사람의 열정과 노력, 성과를 무시하면 안 되는 것 아니겠는가.

며칠 전에 '마켓컬리' 회사의 대표님 인터뷰 기사를 보았는데 댓글 창이 온통 악플이었다. '저 여자 집 엄청 잘 산다. 처음부터 자본 빵빵하게 투자했다, 투자로 버티는 좀비 회사, 노동자 피 빨아먹는 회사, 고1때 미국 유학 갔으면 개금수저네, 쓰레기 태산에 기여하는 택배회사'등 악플 천지였다. 나는 그들을 보며 '와. 진짜 세상 쓰레기들은 여기 다 있구나.' 그렇게 생각했다. 흡사 옛날 영화배우 유아인 씨 SNS에 유아인 씨의 신세를 걱정했다가 레전드가 돼버린 댓글을 보는 기분이었다.

다른 사람의 성공을 축하해줄 수 있어야 한다. 그리고 누군가 했다면 나도 할 수 있다는 생각으로 배우고 도전하고 노력하면 되는 거다. 그게 반복되다보면 지금보다 훨씬 더 멋진 당신의 미래가 당신을 맞아줄 것이다. 나는 어렸을 때 콤플렉스 덩어리로 살았다. 가난하지, 학력 짧지, 얼굴 못생겼지. 그런 결핍이 에너지가 되고 동기부여가 되니까 남들보다 빠르게 성공할 수 있었다.

예전에 욕과 함께 '중졸 새끼가 꼴값 떠네.' 그런 악플이 달린 적이 있었다. '그래. 나 배운 거 없고 무식하다. 그게 뭐 어때서, 그러니까 지금부터 열심히 배우는데 그게 뭐 잘못됐어?' 감추는 것이 아니라 부족한 점을 인정하고 그것을 동기부여로 바꾸어 내야 한다. 자격지심과 열등감에 패배자가 되는 것이 아니라 그것을 동기부여 삼아 성장의 원동력으로 만든다. 그러니까 하나씩 이루어지더라. 얼마나 멋진 일인가!

나보다 멋진 사람들을 보고 배우고 따라간다는 것. 굶어 죽는 사람들을 보면서 '그래, 난 굶어 죽지는 않으니까, 만족하자.' 이렇게 생각하는 것보다는 몇만 배 멋진 것 아니겠는가.

우리 아버지가 나에게 남겨주신 세상에서 가장 위대한 유산이 바로 이 2가지 가르침이었다. 그리고 난 그 가르침대로 열심히 하루하루를 살아가고 있다.

우리 모두는 부모님들에게 좋은 가르침을 한두 개씩은 받았을 것이다. 그것들을 한 번 더 생각해보는 시간을 가졌으면 좋겠다. 결국 모든 것은 나 하기 나름이다.

세상 탓하고 남의 탓 해봐야 우리 인생만 더 비참해진다.
우리 어차피 한번 사는 인생 열등감에 쩌든 폐인으로 살지 말고
다른 이의 행복을 함께 축하해주며,
동시에 우리 모두 그런 행복 속으로 따라갈 수 있도록
전진하자.

03

부자의 말버릇

나를 가난하게 만들었던 나쁜 습관 중 마지막 세 번째가 바로 말버릇이었다. 부정적이고 상스러운 말투, 어렸을 때부터 욕을 달고 살았고 거친 세상에서 자랐다. 덕분에 입에는 저렴한 말투가 나도 모르는 사이에 지독하게 배어 있었다. 더 어이없는 것은 그렇게 욕 많이 하고 예의 없이 건들거리면서 말하는 사람들은 자신의 이 멍청하고 싸구려 같은 짓이 남자답고 멋있다고 생각한다는 것이다. 예전의 내가 그랬다.

인생 명곡이 있다. 바로 국민MC 유재석 씨의 〈말하는 대로〉이다. 예전에 집에서 혼자 술 마시면서 TV에서 흘러나오는 이 노래를 듣다가 눈물을 흘리며 운 적도 있다. 슬퍼서 운 것이 아니라 기뻐서 울었다. 실제로 말하는 대로 되는 삶을 알려준 이 노래가 너무 고맙고 감사해서. 나는 인생은 말하는 대로 흘러가는 거라고 믿는다. 이건 절대 미신이 아니라고 본다. 과학이다. 말은 내 생각을 표현하는 도구이다. 확고한 꿈과 철학이 있는 사람이 매번, 매년 나의 꿈을 말하고 나의 긍정적인 인생을 말한다. 그런 사람이 성공한다는 것이 미신이라고 할 수 있을까? 나는 아니라고 본다.

예전에 나는 온통 부정적이고 싸구려 같은 말을 일삼았다. 입에서는 항상 쌍시옷이 떠나질 않았다. 더 큰 문제는 나의 잘못을 뉘우치는 것이 아니라 이것을 웃긴 에피소드로 만들어 버리고 사람들과 낄낄댄다는 거였다. 20대 초반에 술 먹고 음주운전해서 300만 원 넘는 벌금을 냈다. 지금의 나에게 음주운전은 꿈꿀 수도 없는 이야기다. 가장 친한 친구가 음주운전 사고로 세상을 떠났고 음주운전이 살인 행위라는 것을 인지했기 때문이다. 하지만 20대의 나는 그렇지 못했다. 음주운전이라는 너무나 큰 죄를 저질러 놓고도 그것을 반성하는 것이 아니라 '하루 술 먹으면 300 정도는 써야 하는 거잖아, 인생 뭐 있어. 다이나믹하게 사는 거지.' 이딴 소리를 하며 사람들과 낄낄거렸다. 잘못을 뉘우치는 것이 아니라 개그의 소재로 삼았다. 그러니 달라질 수 없었다. 그래서 나는 연예인들 중 티비에 나와서 자기의 잘못을 개그의 소재로 삼는 사람들을 정말 싫어한다. 모두가 그러지는 않겠지만 그렇게 범죄가 에피소드가 되면 그만큼 경각심이 둔해질 수 있기 때문이다. 지금 내가 이렇게 음주운전을 했던 것을 책에 쓸 수 있는 것은 그만큼 경각심을 가지고 큰 죄라는 것을 알기 때문에 쓸 수 있는 것이다. 이렇게 쓰면 나는 욕을 또 한 번 먹을 테고 다시 한 번 음주를 했다가는 사회에서 완전히 매장될 것이다. 사람들은 두 번 다시 나를 용서하지 않을 것을 알기 때문이다.

잘못을 뉘우치지 않고 웃고 떠들기만 하니 인생이 잘 풀릴 리가 없었다. 게다가 입에 욕을 달고 살았고 부정적인 말만 했다. 그러니 생각도 부정적일 수밖에 없었다. 부정적인 말을 쓰는 사람의 뇌는 부정적일 수밖에 없다. 그런 생각이 없다면 그런 말을 내뱉지 않을 테니까.

"야! 그게 말이 쉽지, 그게 되냐, 어려워, 힘들어, 불가능해, 현실적으로 생각해라."

항상 입에 달고 살았던 말이다. 온통 안 되는 이유와 부정적인 이유만을 말하니 뭘 해도 제대로 될 리가 없다. 강한 확신을 가지고 혼신을 다해도 모자랄 판에 스스로 안 되는 말을 하고 있었다. 사람들이 어떤 일을 시작할 때 주변 사람들에게 가장 많이 하는 말이 뭔지 아는가? '내가 하는 이 일이 얼마나 어려운 일인가'를 설명한다. 왜? 실패를 대비해서이다. 사람들에게 그렇게 하루 종일 떠들고 다닌다. 그래야 내가 실패했을 때는 면죄부를 얻고 성공했을 때는 나는 대단한 사람이 될 수 있다. 이미 스스로가 실패를 염두하고 있는 것이다. 그러니 성공하는 것이 이상할 수밖에 없다.

무조건 말도 안 되게 긍정적으로 살라고 말하진 않는다. 내 유튜브 영상 중 〈부정적인 사람이 돈을 더 잘 버는 이유〉라는 영상을 꼭 보길 바란다. 단기적 부정과 장기적 긍정을 말하는 것이다. 어떤 일을 시작하건 '그래, 어렵겠지, 세상에 쉬운 일이 어딨어, 하지만 나는 할 수 있어, 그리고 내가 이 일을 해내고 나면 나에게는 엄청난 일, 멋진 일들만 가득할 거야.' 딱 이거 하나다. 결국 마지막은 긍정이어야 한다. 나는 해낼 수 있다고 확신을 갖고 사람들에게 당당히 말해야 한다. 나는 할 수 있다고. 나는 성공할 것이라고.

'나는 대한민국에서 가장 멋지게 자수성가한 부자가 돼서 모두를 행복하게 해줄 거야. 기대해.' 그렇게 자신 있게 말하는 사람과, 매일 주눅 들고 찌들어서 '내 이번 생은 망했어. 틀렸어.' 말하는 사람. 과연 누가 부자가 될까? 천안에 사는 친구들이 내가 시그니엘로 이사한 뒤 집들이에 왔을 때, 백이면 백 이렇게 말했다. '부럽지도 않다. 나는 어차피 글렀어, 나는 포기했어, 현실적으로 불가능하지.' 나는 그때마다 강한 쌍시옷을 넣고 얘기해 줬다. '그렇게 말하지 말라고, 그럼 진짜 안 되는 거라고, 나는 했는데 너라고 왜 못하냐고.'

내가 100억 대의 현금을 갖고 있는 것도 아니고 그래봐야 월 일억 수준이다. 누구나 할 수 있다고 믿는다. 당연히 어렵다. 쉬우면 사람들이 나를 따르겠는가. 하지만 나 역시 내가 이렇게 될 줄 몰랐다는 것. 그리고 내 주변 사람들 역시 몰랐다는 것. 사람 인생은 아무도 모르는 거니까, 절대 포기하지 마라. 나는 포기하지 않았고 도전했기에 여기까지 온 것이다. 휴대폰을 팔다가 경영컨설팅 영업사원으로 도전했고 그 성공에서 멈추지 않고 회사를 창업했다. 안정적인 회사를 걷어차고 또 교육회사를 창업했다. 포기하지 않고 계속하다 보니 어느 순간 이루어진 것들이다.

할 수 있다는 믿음과 도전이 있었기에 가능했다. 그래서 나는 사람들의 말 한마디에도 민감하게 반응한다. 왜냐하면 자신이 뱉은 말 그대로 인생이 이루어진다고 믿기 때문이다. 그래서 친구들에게 절대 그런 말을 못하게 한다. 포기하면 아무것도 없으니까. 모든 것을 포기한 사람에게 행운을 줄만큼 세상은 만만하지 않으니까.

믿는 만큼, 말하는 만큼 인생은 이루어진다. 당신이 예쁜 말, 좋은 말, 희망찬 말을 한다고 해서 돈 내놓으라는 사람은 세상 어디에도 없고 싫어할 사람도 없다. 힘들 것도 없고 돈 들어가는 것도 없다. 어차피 밑져야 본전 아니겠는가.

좋은 말, 예쁜 말, 희망찬 말, 긍정의 말을 내뱉자.

그만큼 이루어진다고 나는 믿는다.

당신의 그 말들이 당신의 인생을 당신도 모르는 사이에

멋진 곳으로 데려다 줄 것이다. 나처럼.

04

한 끗 차이로 승부는 갈린다

29살에 나는 월급 150만 원의 휴대폰 판매사로 살았다. 집도 없고 차도 없고 통장에 잔고도 없었다. 이미 신불자로 전락한 삶이었다. 미래 따위는 보이지 않았다. 아무리 열심히 해도 현상만 유지할 뿐 나아질 기미가 보이지 않았다. 하루 번 돈으로 일이 끝나면 술에 쩔어 사는 한심한 인생이었다. 그랬던 인생이 불과 3, 4년 만에 연봉 10억을 받게 되었고 인생은 완전히 다이나믹하게 변했다. 그때부터 지금까지 나의 인생 좌우명이자 내 인생을 바꾸어 준 한 순간이 있었다.

마트에 있는 5평짜리 휴대폰 매장의 점장으로 근무할 때였다. 하루 판매량 1대, 한 달에 40대를 채 팔지 못하는 회사에서 가장 망한 매장으로 첫 발령이 났다. 이곳이 회사에서 나의 능력을 실험해보는 시험대라는 것도 알고 있었다. 그런 망한 매장을 한 달 만에 판매량이 100대 넘게 나오는 매장으로 바꿔 놓았다. 2배가 넘는 수치를 한 달 만에 만들어 낸 것이었다. 그러자 회사에서는 또 부리나케 직원들을 파견 보냈다. 겉으로는 일손이 딸리니까 지원이라고 말하지만 사실은 나의 노하우를 얻기 위해서다. 각 지역에서 에이스들을 파견 보내주었다. 뭐 알고 있지만 크게 개의치 않았다. 어차피 알려준다고 따라하지도 못하고 하지도 않는다. 그런데 파견 온 친구 중에 아주 재미있는 녀석이 한 명 있었다. 이 지역 사람도 아닌데 끝나면 매일 여자들과 술을 마신다는 거였다. 신기한 마음에 물어봤다.

"아니, 지역에 연고도 없는데 여자들이랑 어떻게 매일 술을 마셔?"

"점장님, 저는 그만큼 노력을 해요."

"아니, 그러니까 무슨 노력을 하는데?"

"저는 하루에 여자들한테 페북으로 쪽지를 백 개는 보내요, 그래서 술한잔 하자고 하고 만나는 거죠. 그래서 되면 마시고 아니면 딴 애랑 마시는 거죠, 뭐."

"아니, 그게 진짜 가능해?"

"점장님 0과 1의 차이를 아세요? 제가 아무것도 하지 않으면 저의 가능성은 0%이지만 제가 쪽지 하나라도 보내면 저의 가능성은 1%가 되는 거예요."

그건 그 친구의 우스갯소리였지만 나는 머리를 망치로 얻어맞은 것 마냥 띵했다. 비록 여자들과의 만남을 주제로 하다 나온 이야기였지만 이 한마디는 나의 인생 좌우명이 되었고 내가 어떤 난관에 부딪혔을 때도 그 모든 것을 이겨내게 해준 말이 되었다.

내가 포기하고 아무것도 하지 않으면 나는 가능성 0%의 사람이지만 무엇이든 하나라도 시도한다면 1%의 사람이 된 것이고 꾸준히 지속하면 100%의 사람이 되는 것이다. 내가 한번이라도 움직이고 전화 한 통화, 온라인에 글 하나라도 적으면 내게는 1%의 가능성이 생긴다.

포기하지 않고 계속해서 앞으로 전진하는 사람에게 언젠간 반드시 기회는 온다. 하지만 그 기회가 왔을 때 내가 0이라면 거기에 어떤 숫자를 곱해도 결국엔 0이다. 하지만 내가 1이라도 된다면 거기에 어떤 숫자를 곱하느냐에 따라 값은 완전히 달라진다. 0과 1은 비교 자체가 불가능하다. 엄청난 차이를 지녔다.

며칠 전에는 이 0과 1의 차이가 나에게 또 다른 행운을 가져다주었다. 어린 시절부터 롤모델로 삼고 있던 한 사람이 있었다. 그 사람의 스토리를 듣고 보면서 꿈을 키우던 시절이 있었다. 그런데 그분도 시그니엘에 사신다. 사실은 그분을 한 번 뵙고 싶어서 시그니엘로 이사를 온 것도 있었다. 내가 연예인을 좋아했다면 한남 더 힐로 이사를 갔겠지만 어릴 적 내 우상이 사는 공간에 함께하고 싶어서 시그니엘을 택했다. 며칠 전에 집으로 사과 한 박스와 내가 좋아하는 막걸리 한 박스를 선물 받았다. 식구가 적고 집에서 밥을 잘 먹지 않는 우리 가족이 이것들을 다 먹을 수는 없었고, 누구 줄 사람 없을까 생각하다가 그 분이 떠올랐다. 전화번호는 모르고 인스타그램 주소는 알고 있었다.

'사과 몇 개랑 막걸리 몇 병을 받아줄까? 당연히 쪽지 보내도 답장 안하겠지, 오히려 장난하냐고 욕먹으면 어떡하지? 상위 0.1프로 사람인데 이런 걸 먹긴 할까?' 별별 생각이 다 들었다. 어차피 씨알도 안 먹히고 당연히 거절당할 건데 뭐하러 자존심 굽히고 그래 나도 자존심이 있지. 이런 생각만이 머릿속에 맴돌았다. 하지만 그래도. 눈 딱 감고 용기 내어 쪽지를 보냈다.

'안녕하세요. 저는 시그니엘로 이사 온 안규호라고 합니다. 어린 시절부터…….' 주저리주저리 사연을 적고 용기 내어 쪽지를 보냈다. 어차피 0과 1의 차이 아닌가! 되면 좋고 아니면 마는 거지 뭐. 나도 아쉬울 것 없고 내가 거절당하고 답장 안 온다고 해서 손해 보는 것도 없었다. 그리고 가능성이 낮기 때문에 0과 1 아니겠는가! 밑져야 본전이었다. 그런 마음으로 쪽지를 보냈다. 그런데 이게 웬걸, 그분으로부터 답장이 왔다. '안녕하세요, 유튜브에서 한 번 봤어요.' 나는 그분에게 사과 몇 개와 막걸리 몇 병을 선물했다. 그랬더니 고맙다며 밥 한번 먹자는 연락이 왔고 그렇게 나는 나의 우상을 만나게 되었다. 사실 4년 전쯤에도 이분에게 뵙고 싶다고 쪽지를 보낸 적이 있었지만 당연히 답장은 오지 않았다. 하지만 4년 뒤인 2020년 11월에 나는 예전 나의 롤모델과 단둘이 마주 앉아 밤새도록 술을 마시며 이야기를 나눌 수 있었다. 사과 몇 개와 막걸리 몇 병으로 어마어마한 행운을 누린 것이다. 물론 내가 여기로 이사를 왔기 때문에 동네의 한 일원으로서 그리고 나를 알리는 유튜브 채널이 있었기 때문에 가능했던 일이었을 것이다. 하지만 그건 그때 용기를 내지 않았다면 나에게는 절대 일어날 수 없는 일이었다.

내가 생각하는 모든 인생은 0과 1인 것 같다.

지켜만 보는 사람과 행동하는 사람.

나는 휴대폰 판매사에서 경영컨설팅으로 꽤 많은 돈을 벌었다. 그러니까 사람들이 물어보더라. 도대체 어떻게 그런 일을 할 수 있었냐고. 어떻게 그렇게 돈을 벌 수 있었냐고. 내 대답은 늘 간단하다. 나는 경영컨설팅을 시작했기 때문에 그것으로 돈을 번 것이다.

내가 하겠다고 마음먹은 순간 도전했다. 딱 0과 1, 이것이 전부였다. 0이라는 불가능한 숫자를 벗어났고 1이 된 순간 거기에 더하기를 하고 곱하기를 해서 하나씩 내 삶을 풍족하게 채워갈 수 있었다. 비결은 그 하나였다. 0과 1. 당신의 인생에서도 0과 1의 차이를 꼭 기억하시길 바란다. 내가 그랬듯이 당신도 1이 되는 순간 너무나 많은 것들이 달라질 테니까.

05

미래는 생각하는 것이 아니라 만드는 것이다

내가 중학생이었을 때의 국사 선생님이 한 분 기억난다. '가가멜'이라는 별명을 가진 학생부 선생님이었다. 다른 학생부 선생님들보다도 더 이분의 사랑의 매는 가히 공포 그 자체였다. 지금 생각해보면 어린 학생들을 어떻게 그렇게까지 때렸나 싶지만 그때는 시대가 그랬으니까 이해한다. 체벌이라는 것이 당연한 문화였을 때니까. 이 선생님의 사랑의 매는 당구봉이었다. 하지만 당구봉으로 성에 차지 않을 땐 어김없이 나무로 만든 봉걸레가 등장했다. 하루는 2교시에 국사 수업이 있는 날이었다. 저번 수업 때 많은 양의 숙제를 내주셨는데 '숙제 안 해오는 사람들은, 알지.' 그런 공포의 멘트와 함께였다. 원래 숙제나 교과서를 안 갖고 온 애들에게는 어김없이 사랑의 매를 선물해 주곤 하셨는데, 마지막 멘트까지 더해주시니 이번 숙제는 꼭 해가야 했다. 나는 밤을 꼬박 새워서 숙제를 모두 끝냈다. 그런데 이게 웬일. 학교에 도착해서 가방을 정리하는데 숙제를 집에 빼놓고 온 거였다. 아! 어떻게 이런 일이. 신은 나에게 왜 이런 시련을 주시는지, 기껏 밤을 꼬박 새우며 숙제를 다 했는데 집에 놓고 오다니. 갑자기 공포가 엄습해 왔다. 죽고 싶었다.

차라리 이 길로 집으로 가 버릴까? 차라리 무단결석을 하고 담임선생님한테 맞는 게 나을까? 아니면 국사 선생님에게 맞는 것이 나을까? 그러자니 우리 담임선생님도 사랑의 매라면 학교에서 둘째가라면 서러운 분이셨다. 학교에 도착해서부터 2교시가 되기까지 그 시간들은 어린 학생이었던 나에게 고통 그 자체였다. 그때 그 선생님이 얼마나 무서웠는지 한 친구는 숙제를 집에 두고 왔다며 책상에 엎드려서 엉엉 울어댔다. 불안과 공포로 고통스러운 시간들이 서서히 흘러 드디어 2교시가 시작되는 종소리가 울렸다. 나의 공포는 극도로 치달았고 멘탈은 무너지기 직전이었다. 선생님이 들어오셨고 수업은 시작되었다. 선생님의 수업시간 내내 아무런 말도 귀에 들어오지 않았다. 그 수업에 앉아 있는 것 자체가 나에게는 고통이었다.

제발, 이대로 수업아 끝나라. 속으로 빌고 또 빌었다. 수업

시간이 다 끝나갈 때쯤 선생님이 말씀하셨다. '맞다. 저번에 시간에 숙제 냈었지. 설마 안 해 온 녀석들 없겠지. 있으면 손 들어봐.' 나는 떨리는 손을 겨우 머리 위로 살짝 올렸다. 나를 제외하고 한 친구 정도가 숙제를 안 해 온 것이었다. 불행 중 다행이었다. 같이 맞을 동지가 있다니 말이다. 하지만 선생님은 '안 해 온 놈들은 한 번 두고 본다. 수업 끝나고 칠판이나 지우고 정리나 해.' 기적이었다. 선생님은 사랑의 매 대신 칠판이나 지우고 칠판 뒷정리나 잘하라고 하셨다. 그날은 아주 극도로 좋은 일이 있으셨던 것 같다. 안도의 한숨의 내쉬며 살았다고 외쳤지만 조금 허무했다. 이 시간이 오기까지 불안과 공포에 휩싸여 아무것도 하지 못한 채 하루 종일 걱정만 했었는데 이렇게 허무하게 아무 일도 없이 끝났다.

많은 사람이 미래가 너무 불안하다고 말한다. 그런데 세상에 미래가 불안하지 않은 사람이 있을까? 나는 없다고 본다. 미래는 그 어느 누구도 예측할 수 없고 알 수 없다. 그래서 불안한 것 뿐이다. 나 역시 학창 시절부터 사회생활에 뛰어든 지금까지 한 번도 미래가 불안하지 않은 적이 없었다. 하지만 지금까지 어떻게든 스스로를 '수고했고, 잘해왔고, 앞으로도 그럴 것'이라고 칭찬하며 잘 성장해왔다. 내가 아는 지인 중 재산이 백억 넘게 있는데도 그 사람은 앞으로의 미래에 대해서 고민한다. 예전에는 돈만 많으면 미래에 대한 불안감이 없을 것이라고 믿었었는데 그건 아니었다. 나도 가끔 미래에 대한 불안에 휩싸일 때가 있다.

한번은 '내가 언제까지 이런 생활을 영위하며 살아갈 수 있을까.'라는 불안감이 문득 들었다. 노트를 펼치고 내가 모아 놓은 돈과 처분할 수 있는 자산을 생각하며 그래 나는 빚도 없고 이 정도면 내가 아무런 일도 안 해도 한평생 최저 시급만 받더라도 걱정 없이 살 수 있겠구나 하는 생각이 들었다. 하지만 여기에 '그런데 우리 애들은 어떡하지, 우리 애들도 나처럼 가난하게 키울 순 없잖아.'라는 걱정을 한 스푼 추가 시키자 걱정은 걱정에 꼬리를 물고 미래를 더욱 불안하게 만들었다.

나는 미래에 대한 불안감을 이기는 것은 딱 하나라고 생각한다. 바로 목표를 만드는 것이다. 앞으로 정확히 나아갈 방향을 설정하고 확고한 목표가 정해지면 미래가 불안하지 않다. 오히려 희망찬 미래를 보게 될 것이다. 가끔 스트레스 해소로 차를 가지고 레이싱 트랙으로 가 차를 몰곤 한다. 트랙에 들어가기 전에 프로 드라이버들이 교육을 해주는데 그때 이런 이야기를 들었다.

"달리다가 커브를 돌 때 절대로 무서워도 현재 위치를 보지 마세

요. 커브를 돌아서 내가 갈 방향만 보셔야 합니다. 안 그러면 제대로 커브를 돌지 못하고 사고 납니다."

현재 내 위치를 보지 말고 앞으로 나아갈 방향만 보라는 것.

그래야 원하는 방향으로 앞으로 나갈 수 있다는 것.

현재의 위치로 인해 내가 가진 것을 잃게 될까? 앞으로 어떻게 살아갈까? 미래에 대한 고민을 하시 말고 정확한 방향과 목표를 정하고 앞으로 나갈 생각만 해라. 지금 당신의 현재 위치는 보지 마라. 앞으로의 미래의 원하는 모습을 보고 달려야 한다.

한 감독이 인터뷰에서 이런 이야기를 한 적이 있었다. 그가 첫 번째 영화를 실패하고 어렵게 두 번째 영화를 맡을 때였다고 했다. 캐스팅하고 싶은 주연배우가 있었는데 도저히 자신이 없었다. 이미 한 번 영화에 실패한 자신에 비해서 그 배우는 너무나 잘나가고 있었기 때문이다. 하지만 그 감독은 포기하지 않았다. 그래, 시나리오라도 보내보자. 그리고 전화라도 한 통 해보자. 시나리오를 보내고 그 배우에게 전화를 했다. 0과 1의 차이를 아는 감독이다. 그런데 그 배우가 흔쾌히 출연하겠다고 했다.

"전 이미 5년 전에 당신 영화에 출연하기로 결정했어요."

5년 전, 무명이었던 이 배우는 오디션을 하나 보았다. 오디션 관계자들은 그를 썩 맘에 들어 하지 않았고 배우는 그대로 집으로 돌아와야 했다. 좌절한 채 돌아온 그는 자신의 핸드폰에 어떤 메시지가 녹음된 것을 발견한다.

"안녕하세요, 오디션 봤던 영화의 조감독입니다. 좋은 연기 정말 감명 깊게 봤습니다. 하지만 이번에는 맞는 배역이 없어서 같이 작업을 못할 것 같습니다. 정말 죄송합니다. 언젠가는 꼭 좋은 기회에 다시 뵙고 싶습니다."

배우는 충격을 받았다고 했다. 지금까지 어떤 조감독도 오디션에서 떨어진 자신에게 이렇게 정성 들여 연락하지 않았기 때문이다. 이 배우는 '언젠가 이 사람이 감독이 된다면 나는 반드시 그의 영화에 출연할 것이다.' 이렇게 생각했다.

그렇게 송강호라는 배우는 봉준호 감독의 '살인의 추억'의 주연을 맡게 된다. 멋진 이야기다. 우리는 현재의 모습만을 보고 너무나 쉽게 사람을 판단한다. 타인뿐 아니라 자신의 모습까지도.

지금은 돈이 최고가 되어버린 세상이다. 사람들은 어이없게도 돈의 유무에 따라 한 사람의 인생을 판단하고 성공을 이야기한다.

지금 돈이 없고, 능력이 없고, 가진 것이 없어 보잘 것 없다고 생각하며 고개를 숙이고 가슴을 움츠리지 마라.

당당해져라. 가슴을 쫙 펴고 고개를 빳빳이 세워라.

지금 우리의 모습이 아닌 미래의 우리의 모습만을 보고 달려라. 당신의 미래의 모습을 상상하라.

미래의 모습처럼 생각하고 행동하고 말하라.

나 역시 내가 이렇게 될 줄 아마도 몰랐다.

내 지인들은 지금의 내 모습을 낯설어 한다.

아무도 믿지 않았지만 나는 믿었다.

나 혼자만 내 자신을 믿었다.

나는 반드시 성공할 수 있다고 말이다. 그리고 해냈다.

내가 해냈다면 당신도 할 수 있다.

당신의 미래는 이 세상 그 누구도 모른다.

오직 당신만이 알 수 있을 뿐이다.

06

나는 어떤 사람들과 함께하고 있는가

충남 천안이라는 지방 출신, 가난한 환경, 17살에 자퇴, 중국집 배달부, 막노동, 유흥업소 웨이터. 군대를 가기 전까지의 내 삶이었다. 좋은 환경에서 정상적으로 자랐을 리 만무하다. 그래도 나름대로 열심히 살았다. 하지만 세상이 열심히만 산다고 어디 뜻대로 되겠는가.

시간이 지날수록 희망보다는 버티기와 정체의 연속이었다. 열정은 사라지고 생각대로 사는 것이 아니라 사는 대로 생각하며 그냥 하루하루 흘려보내게 될 뿐이었다. 나는 그냥 그렇게 살다가 결국에는 모든 것을 잃고 바닥을 뚫고 지하로 내려갔다. 폐인으로 살다가 보니 도저히 주변 사람들을 만날 용기가 없었다. 거기에 한 가지 사건이 더해지면서 나는 전에 알던 모든 사람들에게 스스로 등을 돌리고 홀연히 떠나버렸다. 쉽게 이야기하면 잠수를 탔다. 그 때 마음속으로 꼭 잘 돼서 돌아오겠다는 강한 동기부여가 생겼다. 살기 위해서, 성공하기 위해서 책을 읽고, 강연을 다니고, 동기부여 강의부터 시작해서 많은 강의를 들으러 다녔다. 최소한 100개 정도의 강의는 들었던 것 같다. 그때 시야가 많이 넓어지고 관점도 달라졌다. 그 전에는 작은 새장에 갇혀 살았다면 강연을 다니면서 열정적인 사람들, 같은 꿈을 꾸는 사람들을 만나면서 많은 것들이 달라졌다.

그렇게 환경이 바뀌면서 나의 영업실적 또한 계속해서 좋아졌다. 영업사원을 넘어 경영컨설팅 회사, 교육회사의 대표로, 유튜버로서 계속 성장하면서 더 많은 사람들을 만날 수 있게 되었다. 많은 유튜버들, 그리고 자산가, 자수성한가 CEO들, 여러 사람들을 만나면서 더 많은 것을 알게 되었다. 좋은 사람들을 만나면서 한 가지 재미있는 공통점을 발견할 수 있었다. 이들과 친해진 후에 사석에서 "지금 하는 사업 아이템이나 어떤 프로세스, 이런 것을 어떻게 시작 하게 된 거예요?" "제일 친한 친구가, 선배가……." 그들의 주변에는 먼저 앞서나가거나 좋은 시스템을 가지고 있는 사람들이 항상 있었다. 대한민국 수

재들이 모여 있는 태생 강남 출신, SKY 출신, 성공하고 재력 있는 부모님, 이런 것들을 가지고 있는 사람들이 90% 이상이었다. 내 자랑이 아니라 그 사람들과 함께 있다 보면 그 사람들은 나를 매우 흥미롭게 바라보았다.

'지방 출신, 중졸, 34살에 강남진출, 가난한 부모님, 인맥 전무.'

자랑을 하고 싶은 것이 아니라 내 위치가 더 높아질수록 뼈저리게 알게 되었다. 환경이 중요하구나. 이래서 기를 쓰고 강남으로 이사를 가고 SKY에 목숨을 거는구나. 가끔은 내가 목숨 걸고 해냈던 일들을 주변의 인맥과 부모님의 힘을 통해서 쉽게, 쉽게 해내는 사람들을 보면 자괴감에 빠지기도 한다.

최근에 만난 나의 또래 친구가 있다. 결혼 선물로 부모님께 40억짜리 아파트를 선물 받았다는 이야기를 듣고 있는데 갑자기 현실 자각 시간과 함께 집에 가고 싶어진 적도 있었다. 이런 환경을 가졌다면 뭐 환경이고 자시고 이런 이야기를 할 필요가 없다. 인생의 모든 것이 아름답게 세팅되어 있으니까. 하지만 우리는 그렇지 않기에 우리의 환경을 더 신경 써야 한다. 누누이 이야기하지만 나는 성공하기 위해서 환경만큼 중요한 것이 없다고 본다. 환경의 중요성은 모두가 알고 있지만 정작 성인이 되어서는 잊고 사는 것 같다. 밤일을 할 때는 밤일만 보이고 요식업을 할 때는 거리의 식당만 보였다. 비데를 팔았더니 화장실의 비데만 보이고 휴대폰을 팔았더니 사람들을 만나면 그 사람 휴대폰만 보이더라.

나의 환경에 따라 삶의 시각은 완전히 달라진다. '나무를 보지 말고 숲을 보아라.' 이 말을 모르는 사람은 없을 것이라 생각한다. 내가 지금 나무에 둘러싸여 있는데 어떻게 숲을 보란 말인가? 정말 천재적인 재능을 가지고 태어난 상위 0.1%가 아닌 이상은 깊은 숲속 한가운데서 숲 전체를 본다는 것은 불가능한 이야기이다. 나무가 아닌 숲을 보고 싶으면 더 높은 곳으로 올라가는 수밖에는 없다. 서 있는 위치를 바꿔야 한다. 하지만 서는 위치를 바꿀 수 없다는 것이 가장 큰 문제이다. 서는 위치를 바꿀 수 없다면 그 곳에 서서 숲을 보는 사람들에게 길을 물어야 한다. 그래야 이 깊은 숲속에서 벗어나 더 높은 곳으로 갈 수 있다.

나는 이것을 무리와 환경에 갇힌 것이라고 표현한다. 한번은 다큐멘터리에서 서울역에서 모여 사는 노숙인들 이야기가 나온 적이 있다. 우리나라는 8, 90년대 기적적인 경제성장을 거치면서 노숙인이라는 단어는 존재하지 않았다고 한다. 하지만 IMF라는 엄청난 위기를 겪게 되었고 그때 처음으로 서울역에 모여 사는 노숙인이 탄생했다고 했다. 그들을 인터뷰해보니 그들은 노숙인이 되기 전까지 누구보다 평범한 사람들이었다. 회사원, 사업가, 주부 등 우리가 일상에서 흔하게 볼 수 있는 정말 우리 주변의 평범한 사람들이었다. IMF라는 큰 풍파를 겪으면서 잠깐 현실에서 피하고 싶었다고 한다. 그래서 서울역으로 모여들었고 정말 잠깐만 피하면 될 것이라고 생각했다고 했다. IMF를 극복한지는 벌써 20년이 되어가는 지금, 그들은 아직도 그곳에 모여 산다. 잠깐이라고 생각했지만 그들은 왜 20년 동안 그곳을 떠나지 못하고 있을까? 바로 무리와 환경에 익숙해져 버렸기 때문이다. 그들은 비슷한 사람들이 모여 비슷한 생각을 하고 비슷한 생활을 하다 보니 그들의 세상이 정답이 되어버린 것이다. 무리와 환경에 한번 익숙해져 버리면 그 곳에서 절대로 벗어나지 못한다.

나 역시 무리와 환경에 익숙해져 스스로 내 자신의 모습이 어떤지, 내가 앞으로 나아가야할 방향과 꿈은 무엇인지를 잊은 채, 무리와 환경에 적응되어 살았다. 그런 내가 평범한 영업사원에서 일인 기업가로 그리고 작가로 강연가로, 연봉 10억 이상을 달성할 수 있었던 것은 나의 무리와 환경에서 벗어날 수 있었기 때문이다.

과거의 정체된 무리와 환경에서 벗어날 수 있도록 도움을 준 것은 책이다. 우리 부모님께서 나에게 선물하신 가장 큰 유산 중 하나는 책을 읽는 습관을 만들어 주신 것이다. 책에서 숲을 볼 수 있는 높은 위치에 서있는 성공한 사람들을 만났다. 이 숲이 어떻게 생겼고 어떻게 해야 이 나무속에서 탈출해 더 높은 곳으로 갈 수 있는지 책 속에서 답을 찾아갔다.

나는 독서 찬양론자다. 항상 책은 나에게 등대 같은 존재가 되어주었다. 절망 속에서 모든 것을 포기하려 할 때 다시 일어설 수 있도록 희망이 되어 주었고 방향을 알려주었다. 실패와 절망 속에서 모두가 나에게 등을 돌릴 때 가족과 책만은 내 옆을 떠나지 않았고, 가장 큰 삶의 이유이자 용기와 희망을 주었고 모든 고난과 역경을 이겨낼 수 있게 만들어주었다.

당신은 한 권의 책이 완성되기까지 얼마나 많을 것을 공부하고 연구해야 하며 오랜 시간을 투자해야 하는지 알고 있는가? 우리는 2만 원도 채 안 되는 책 한 권을 읽으며 그 저자 평생의 지식과 철학, 메시지, 삶의 희로애락을 그대로 다 느끼고 배울 수 있는 것이다. 지구상에 독서보다 투자 대비 높은 수익률을 낼 수 있는 상품은 단언컨대 존재하지 않을 것이다. 십 년 넘게 꾸준히 책을 읽다 보니 이제는 그들을 직접 만나보고 싶었다. 책을 읽고 좋아하는 작가들의 강연을 가게 되었고 직접 볼 수 없는 사람들이라면 동영상으로 그들의 이야기를 들었다. 나에게는 좋은 롤모델이 존재했다. 그분들을 만나려고 노력했고 만나서 그 사람들에게 많은 것을 배울 수 있었다. 롤모델이 하는 것을 그대로 벤치마킹하려고 노력했다. 좋은 멘토를 갖게 되자 나무가 아닌 숲의 모습이 보이기 시작했다. 그 분들이 가르쳐주는 대로 그들이 걸어온 길대로 걸어가자 점점 더 내가 원하는 모습으로 바뀔 수 있었다.

당신이 이루고 싶은 성공이 있다면

지금 당신 주변을 돌아보라.

주관적이 아닌 냉정하고 객관적으로 주변으로 보아라.

지금 당신은 어떤 사람들과 환경에 살고 있는가?

사람을 바꾸려고 하지 말고 환경을 바꿔라.

환경이 바뀌면 사람은 바뀔 수밖에 없다.

07

부자는 아껴서 되는 것이 아니라 많이 벌어서 되는 것이다

내 이야기 중에 자주 등장하는 그 자수성가 한 친구의 이야기이다. 이 친구랑 통화를 하는데 지금 자기의 동생과 진지한 관계를 맺고 있는 남자에 대한 고민을 털어놨다. 처남 될지도 모르는 사이인데 서른 살 조금 넘은 친구가 짠돌이로 대한민국 상위 0.1%라는 것이었다. 얘기를 쭉 들어봤는데 어마어마하긴 했다. 일단 외식을 하기 위해서는 그냥은 안 되고 그 외식비를 벌었을 때만 가능하다고 했다. 치킨을 시켜먹기 위해서는 도매 사이트에서 싸게 나온 물건을 사와서 '당근마켓' 같은 직거래 사이트에 팔고 그렇게 2~3개를 팔아서 2만 원 정도 수익이 나면 그때 치킨을 먹을 수 있다는 것이었다. 차는 경차에 라이트가 고장 난 지 일 년이 넘었는데도 수리를 하지 않고 있다고 했다. 쇼핑은 해본 적도 없고, 식당을 가서도 단 한 번도 사이드 메뉴라는 것을 먹어 본 적이 없다고 했다. 휴대폰 요금제도 최저 요금제여서 어딜 가든 와이파이가 있는 곳 위주로 간다고 했다. 정말 대단한 절약 정신이었다.

"남자가 돈 아끼면 좋지, 생활력 있고 헛돈 쓰는 사람보다 훨씬 낫네. 그렇게 아끼고 모아서 부자 되는 거지."

했더니 또 이 성질 더러운 놈이

"야! 부자는 많이 벌어서 부자가 되는 거지, 안 써서 부자 되는 사람이 어딨냐! 부자인데 안 쓰는 사람이 있는 거지, 안 써서 부자 되는 사람은 없어."

친구랑 통화를 끊고 잠시 생각에 빠졌다. 맞는 말이다. 절약으로 먹고 살만해진 것이지 부자가 됐다는 소리를 들어 본 적은 없다. '한 달에 얼마 더 아끼는 법, 한 달에 10만 원으로 생활하는 법', 이런 것들을 알려주는 동호회가 꽤 많다. 회원 수가 몇십만이다. 회원들이 한 달에 10만 원으로 사는 경험과 노하우를 공유한다. 그런데 왜 한 달에 1억으로 사는 방법을 알려주는 동호회는 없을까? 이 사례만 봐도 부자보다 가난한 사람이 왜 많은지 이유를 알 수 있다.

절약 자체가 나쁜 게 아니다. 하지만 절약에만 집중하는 삶의 태도가 좋지 않다는 것이다. 돈을 아끼는 방법은 다양하다. 돈을 아끼는 방법으로 시간을 택한다. 하지만 돈보다 훨씬 더 소중한 것은 시간이다. 한 마리에 오천 원 행사를 하는 치킨을 먹기 위해 족히 1시간은 걸릴 것 같은 줄을 선다. 과연 이것은 현명한 선택일까? 절약을 연구하면 평생 절약만 하는 삶을 살게 될 것이고 돈을 더 많이 버는 것을 연구하면 돈을 더 많이 버는 삶을 살게 될 것이다.

책 〈멘탈 트레이닝〉 속에는 '삶이란 가장 많이 생각하는 것의 결과일 뿐이다.'라는 구절이 나온다. 절약은 미덕이다. 또한 버는 것만큼 소비도 중요하다. 한 달에 1억 벌어서 2억 쓰는 사람은 무너질 수밖에 없다. 하지만 부자가 되는 제1의 원칙은 많은 돈을 버는 것이다. 돈을 아끼는 것이 아니라. 대한민국에서 나보다 천 배는 더 성공하신 분이 있다. 바로 요새 금융문맹들을 가르친다는 '메리츠 자산운용' 존 리 대표이사님이다. 이 분의 강연을 수도 없이 보았다. 이분은 절약이라는 것을 엄청나게 강조하신다. 커피도 먹지 말고 그 돈으로 미래를 선물할 수 있는 투자를 하라고 말씀하신다. 어쩌면 나보다 천 배, 만 배 더 성공하신 분의 이야기가 그러하니 내 외침은 들리지 않을 수도 있다. 하지만 내 생각에 그분께서 말씀하신 내용은 메리츠 자산운용이 부자가 되는 내용이지 사람들을 부자로 만들어 주는 내용은 아닌 것 같다. 정말 커피값 아껴서 투자해서 부자 된 사람이 있다면 한 번 보고 싶다. 제발 80년대에나 존재하던 그런 이야기는 그만 듣고 싶다. 존 리 대표이사님이 부자가 된 건 많은 인센티브로 큰 돈을 벌었고 그것으로 투자를 했는데 그것도 잘 되었고 '메리츠 자산운용'을 설립하면서 더 부자가 되신 것이다. 월급 2, 3백을 아껴서 투자한 돈으로 부자가 된 것이 아닌데 사람들에게는 그렇게 말씀하시는 것이다.

부자가 되기 위한 제1의 원칙은 '많이 버는 것'이라는 것을 잊지 말자. 물론 모두가 돈을 많이 벌어서 부자가 될 순 없다. 또한 누가 부자가 될지는 그 누구도 알 수 없다. 나 역시 그렇다. 몇 년 전만 해도 내가 이렇게 경제적으로 자유로워질 것이라고는 아무도 예상하지 못했다. 그리고 나처럼 낯가림 있는 사람이 유튜브를 통해서 사람들에게 사랑받고 길거리에서 사인을 해주는 일이 생길 줄은 꿈에도 몰랐다.

처음 영업을 하면서 롤모델로 삼았던 선배가 해준 말이 있다.

"규호야. 24시간 동안 돈 버는 생각만 해봐. 그랬는데도 돈 못 버는 놈은 바보다."

끊임없이 생각하자.

지금 내 에너지를 분산시키는 것들,

악성코드, 유흥, 게임, 일확천금, 취미……

정말 간절히 바라는 것이 있다면 잠시 뒤로 미뤄놓자.

가장 소중하고 중요한 내 목표를 향해

달려가자. 인생은 모르는 거니까.

08

무조건적인 긍정은 사양할게요

부정적인 사람과 긍정적인 사람

사람들은 사람의 성향을 부정적인 사람과 긍정적인 사람, 두 부류로 나누고, 대부분 긍정적인 쪽을 예찬한다. 그리고 부정적인 사람들은 다른 사람들에게 좋지 않을 영향을 끼친다고 말한다. 그런데 그 부정적인 사람들은 오히려 자신들이 현실적인 것이라고 말한다. 나는 부정적인 사람들을 가장 싫어한다. 그러나 어떤 학자는 긍정적이라는 것은 현실을 왜곡하고 포기하는 것이고 부정적인 것은 오히려 냉철하고 현실적인 것이라고 이야기한다.

맞는 이야기다. 내가 싫어하는 말 중 하나가 '괜찮아, 잘 될 거야!'다. 이건 사실상 '어떻게든 되겠지' 식의 논리밖에 될 수 없다. 그렇게 생각한다고 뭐가 달라지겠는가. 그게 기도에 인생을 거는 것과 도대체 뭐가 다른가? 내가 좋아하는 만화에 이런 장면이 나온다. 도박을 하면서 자신의 패를 가지고 기도한다. 그것을 본 상위 0.01%의 사람은 이렇게 말한다. '자기 인생을 기도에 걸 정도면 저 인간도 이제 끝났구나.' 너무나 공감하는 말이다. 인생의 성공과 실패를 기도에 맡기는 건 단단히 잘못된 일이라고 생각한다. 그건 기도와 긍정이 아니라 자포자기와 현실 왜곡이라고 말하고 싶다.

성공하기 위해서는, 너무 긍정적이어도 그리고 너무 부정적이어도 안 된다. 성공에 있어서 우리가 가져야 할 태도는 부정과 긍정의 적절한 조합이다. 나는 이 조합이 최고의 결과를 만들어낼 것이라고 확신한다.

내가 지금까지 했던 모든 일은 단기적으론 부정적인 관점과 장기적으론 긍정적인 관점에서 생각하고 실행한 거였다. 심리학에서는 이것을 '현실에 기반을 둔 합리주의, 미래지향적 낙관주의'라고 한다. 가장 대표적인 예가 '스톡데일 패러독스'이다. 미국의 장교 '제임스 스톡데일'은 베트남 전쟁 때 포로로 잡혀 1965년도부터 1973년도까지 포로 생활을 했다. 많은 미군 포로들이 곧 풀려날 것이라는 희망을 가지고 있었지만, 포로생활이 길어지자 고통을 견디지 못하고 죽고 말았다. 그는 지금 이 힘든 현실을 그대로 인지하지만 언젠가는 풀려나갈 수 있을 거라는 확신을 가지고 끊임없이 운동을 하고 스스로를 단련한 결과 끝까지 살아남을 수 있었다. '스톡데일 패러독스'란 말은 '현실에 기반을 둔 합리주의, 미래지향적 낙관주의'라고 한다. 나는 이것을 '단기적 부정과 장기적 긍정'이라고 말한다. 무한 부정과 무한 긍정이 아니라 단기적으론 부정적이지만 장기적으로는 긍정적인 사고로 모든 일에 접근하라는 것이다.

나는 경영컨설팅이라는 직업으로 돈을 벌었다. 하지만 처음엔 가방끈도 짧을뿐더러 기업분석이나 컨설팅이 뭔지조차 몰랐다. 특별한 재주도 없었다. 그런 내가 어떻게 경영컨설팅을 할 수 있었을까? 아마 누군가가 나와 같은 상황이었다면 엄두조차 내지 못했을 것이다. 나는 성공한 롤모델을 보면서 그가 했다면 나도 할 수 있다고 생각했다. '아니! 저 사람도 했는데 나라고 못할 게 뭐 있어!' 힘들지만 할 수 있다. 해내겠다는 다짐으로 시작했다. 내가 경영컨설팅으로 성공할 수 있는 방법을 찾았다. 하지만 4달 동안 계약을 단 한 건도 하지 못했다. 생활비가 없어서 퇴근 후와 주말에 휴대폰 판매와 대리운전으로 버텼다. 그러나 포기하지 않고 방법을 찾은 결과 1년이 지나고 2년이 지나고 연봉 1억에서 3억으로 계속해서 발전해나갔고 결국 지금의 자리까지 오게 되었다.

유튜브를 시작할 때도 마찬가지였다. 유튜브 시장이 얼마나 치열한가! 많은 사람이 힘들 것이라고 말했다. 지금 유튜브에 뛰어드는 건 멍청한 짓이라고 말했다. 오히려 지금까지 쌓아 올린 이름값만 떨어뜨릴 것이라고 걱정했다. 하지만 나는 늘 내가 도전하는 모든 일에 똑같은 사고로 접근하는 사람이었다. '유튜브 힘들겠지. 그래도 할 수 있어. 해내겠어. 이게 잘 됐을 때 나는 지금보다 훨씬 더 많은 돈을 벌 수 있을 거야.'

안 되는 이유가 아니라 되는 이유를 찾고 내가 해내야 하는 이유와 성공할 수 있는 방법만 찾을 뿐이다. 현실적으로 접근하고 방법을 찾는다. 이게 내가 사는 방식이다. 덕분에 이 치열하다는 시장에 과감하게 도전할 수 있었고 9개월 만에 9만 명이 넘는 구독자를 가진 채널로 성장할 수 있었다.

단기적 부정은 현실적이다. 그러니 방법을 찾으면 된다. 그리고 장기적 긍정은 미래지향적이다. 포기하지 않고 노력하게 만든다. 부정적인 사람들이 입에 달고 사는 이야기 중 하나가 현실적이라는 것이다. 맞다. 부정적이면 현실적일 수 있다. 그럼에도 내가 부정적인 사람들을 싫어하는 이유는 바로 푸념 때문이다.

"안 돼, 안 돼, 투덜투덜투덜!"

일상이 이런 식이다. 방법을 찾을 생각은 안하고 푸념만 한다. 내가 좋아하는 말 중에 하나가 '대안이 없는 비판은 인생의 낭비다.'라는 말이다. 현실적이면 방법을 찾을 생각을 해야지 소위 부정적이라고 말하는 사람들은 그런 것 없이 오로지 비판과 푸념뿐이다. 그래서 내가 이들을 싫어한다. 그렇다고 긍정적이라고 또 무조건 좋아하진 않는다. 긍정적인 사람들이 입에 달고 사는 말은 '무한 긍정, 말하는 대로 이루어진다.'일 것이다. 양쪽이 서로 일리 있고 맞는 이야기를 한다. 그러니 우리는 지금부터 어느 한쪽으로 치우치지 말고 모든 일을 단기적 부정과 장기적 긍정으로 접근하길 바란다. 그러면 그 어떤 일도 현명하게 해낼 수 있을 것이라고 생각한다. 이게 바로 내가 살아온 나만의 방식이자 최고의 노하우이다.

4장

나의 정체성을 설정하라

WHY 왜 사람들은 남에게 사랑 받기 위해 가짜의 모습을 연기하는가.

HOW 겸손할 바에는 오만해져라. 지금 자존감과 자신감이 바닥을 치고 인생에 지쳐 의기소침해져 어깨가 굳어져 있다면, 당장 어깨부터 쫙 펴고 고개를 빳빳이 치켜세워라. 절대 사람들에게 인생 앞에서의 약한 모습을 보이지 마라.

01

부자들은 가난한 사람들에게 이렇게 조언한다

내가 세상에서 가장 싫어하는 두 부류가 있다. 첫 번째는 다수에게 피해를 끼치는 소수이다. 세상은 정말 몇몇 소수에 의해서 수많은 다수가 피해를 보며 살아간다. 소수의 보험 사기꾼들로 인해서 다수의 사람이 값비싼 보험료에 시달려야 하고 몇몇의 기부 사기꾼들에 의해서 다수의 사람이 기부를 꺼리고 수많은 사람이 피해를 받는다. 자식을 키우는 입장에서 뉴스에 나오는 소수의 사이코 같은 어린이집 선생들 때문에 평범하고 성실하게 살아가는 다수의 어린이집 종사자들과 그보다 수십 배 더 많은 부모들이 불안과 고통에 시달려야 한다. 나는 다수에게 피해를 주는 이 소수의 사람이 끔찍이도 싫다. 내가 만약 법을 만들 수 있다면 이런 사람들은 무조건 무기징역 아니면 사형이다. 고상하신 윗분들이 따지는 인권 그런 거 나는 모른다.

두 번째는 가난한 사람들이다. 나는 가난한 사람들이 정말 싫다. 경제적 가난이 아닌 정신적 가난을 지닌 사람들이 정말 싫다. 지금 당장 우리의 주머니 사정은 중요치 않다. 어떤 마인드를 가졌냐는 것이 가장 중요하다. 세상 모든 사람이 경제적으로 부자가 될 순 없다. 그렇다면 그 누가 힘든 업종에 근무하고 3D업종에서 근무하겠는가. 하지만 마음의 가난은 너무나 큰 사회적 문제라고 본다. 우리는 정신적으로든 경제적으로든 어느 한 쪽에서는 풍요를 누려야 한다. 그래야 이 세상이 지금보다 훨씬 더 좋아질 수 있다고 나는 믿는다. 그리고 부자라는 것은 경제적 사정이나 현재의 모습이 아닌 지금 어떤 마인드를 가지고 있고 어떻게 노력하느냐에 따라 인생이 결정된다고 본다.

친한 지인이 한 명 있다. 그는 항상 경제적 어려움에 시달린다. 매일매일 자신을 자학한다. '나 너무 힘들어. 죽고 싶어. 나 자살할까!' 이런 말을 입에 달고 산다. 그냥 습관처럼 스스로를 내리깔고 학대한다. 이것이 그에게는 습관이 되어버렸고 남들이 이런 말에 반응하고 웃어주니 계속해서 이런 말을 스스로 거침없이 내뱉는다. 한번은 저녁에 그 친구에게 물어볼 것이 있어 전화를 걸었다.

"뭐해?"

"어, 나 지금 술 먹고 자살하려고."

친구는 술에 취한 목소리로 습관처럼 부정적인 말을 쏟아냈다. 나는 항상 힘들어하는 그 친구를 도와주고 싶었다. 나는 이미 경제적으로 완전한 자유를 얻게 되었고 그 친구에게 충분히 투자해 줄 마음이 있었다.

"너 언제까지 이렇게 힘들어만 할 거야? 다른 길을 찾아보자."

"어떻게?"

"내가 자금을 대줄 테니까, 이런 사업 한번 해볼래?"

"그건 내가 모르는 분야인데 어떻게 해??"

"배우면 되지, 6개월만 고생하고 배워, 그럼 내가 얼마든지 투자해줄게."

"싫어, 난 못해."

"그럼 이런 건 어때?"

"싫어, 나랑 안 맞아."

"그럼 지금 일은 너랑 맞아? 그것도 아니잖아!"

"응, 그래서 때려치우고 다른 일 할 거야."

하지만 1년이 지난 지금도 그는 매일 똑같은 이야기를 하며 아직도 그 일을 하고 있다. 아무것도 변하지 않은 것이다. 결단하지 않는다. 도전하지 않는다. 노력하지 않는다. 변화하지 않는다. 그대로 살아간다. 점점 더 피폐해져 간다. 그 뫼비우스의 띠처럼 끝나지 않는 악순환의 고리가 반복된다. 변화하지 않으니 달라지지 않는 것은 당연한 일이다. 지금의 현실에서 달라지고 싶다면 결단하고 스스로 변화해야 한다. 스스로 변화하지 않으면 아무것도 달라지지 않는다는 것을 모두가 알면서도 아무도 변화하지 않고 움직이지 않는다.

나에게 강의를 듣는 사람들은 한 번에 60명 정도가 된다. 비용은 천만 원에 달한다. 천만 원이라는 거금을 주고 인생을 변화시키기 위해서 나에게 찾아온다. 누군가는 나에게 배운 것을 본인의 것으로 만들고 인생을 변화시킨다. 한 달에 200만 원도 채 못 벌던 영업사원이 연봉 4억을 달성했고 아무것도 몰랐던, 세일즈를 처음 시작한 가정주부가 연봉 2억을 달성한 사례도 있다. 작가가 된 사람도 있고 새로운 비즈니스 모델을 개발하여 승승장구 하는 사람도 있다. 그런데 어떤 사람들은 나의 강의를 들어도 전혀 변하지 않기도 한다. 강의 시간에 자리에 앉아서 꾸벅꾸벅 졸고 있다. 그리고 내가 내 준 과제도 하지 않는다. 그리고 항상 핑계는 '제가 너무 바빠서요. 어려워서요.'라고 말한다. 어떠한 행동도 하지 않는 것이다. 스스로 변화의 의지가 없다. 도대체 왜 행동하지 않느냐는 나의 말에는 항상 이렇게 대답한다.

"제가 바빠서요, 조금 더 공부하려고요, 조금 더 생각 좀 해보고요."

우리 수강생들이 나에게 가장 많이 하는 말은 '저는 정말 절박합니다. 마지막입니다.'라는 말이다. 사람들은 절박하다는 말을, 마지막이라는 말을 너무 쉽게 사용한다. 그런데 정작 내가 100명을 가르치면 그중에 '저 사람은 정말 절박하구나, 무언가 하려는 의자가 있구나.'라고 느끼게 하는 사람은 채 10명도 되지 않는다. 그리고 결과를 보면 항상 그 10명이 성공을 한다. 인생이 너무나 힘들고 절박하여 변화하고 싶다는 사람들이 일주일에 책 한 권도 읽지 않는다. 어떠한 숙제를 내주어도 하지 않는다. 수업시간에는 책상에 앉아서 졸고 있거나 다른 생각을 한다. 스스로 아무것도 하지 않으면서 나에게 절박하다고 말하고 도와달라고 한다. 스스로가 아니라 누군가 해주겠지, 세상에 날 도와줄 사람이 있겠지 하고 착각한다. 이 세상은 스스로 움직이지 않으면 그 어떤 누구도 당신을 변화시켜주거나 도와줄 수 없다. 그런 사람이 있다면 그것이 바로 사기꾼이라고 말하고 싶다.

많은 사람이 비즈니스에서 실패하는 가장 큰 이유, 바로 냄새가 나기 때문이다. 내가 먼저 남의 주머니에서 돈을 빼내서 부자가 되겠다는 지독한 냄새가 난다. 세상 어떤 사람이 자신의 돈을 가져가려고 눈에 불을 켜고 혈안이 되어 있는 사람을 좋아하겠는가? 이런 사람은 당연히 실패할 수밖에는 없다. 내가 우리 수강생들에게 하는 말이 있다.

"성공하고 싶다면 냄새나는 지독한 욕망이 아닌 그에 걸맞은 노력과 실력을 갖춰라."

사람들은 노력과 실력 없이 오로지 맹목적으로 돈만을 쫓아간다. 모든 사람이 원하는 부라는 것을 얻고 싶어한다. 그러려면 남들보다 독하게 마음먹고 도전하고 스스로를 계속 성장시켜 나가야 한다. 하지만 내가 그리는 미래만큼 실력과 노력을 갖춰야 하는데 그냥 요행만이 찾아오길 기다리고 있는 것 같아 슬플 때가 참 많다. 그러니 돈은 더 멀리 도망가게 되고 정신적, 경제적 가난에 시달리는 것이다. 스스로 지독한 냄새를 풍길수록 더, 더, 더 가난해질 것이다.

내가 존경하는 인물, 자수성가의 끝판왕, 알리바바의 마윈이 강연에서 했던 이야기를 소개하며 이번 글을 마무리 짓고 싶다.

"세상에서 가장 같이 일하기 힘든 사람들은 가난한 사람들이다. 그들은 자유를 주면 함정이라고 얘기하고 작은 비즈니스를 얘기

하면 돈을 별로 못 번다고 얘기하고 큰 비즈니스를 얘기하면 돈이 없다고 하고 새로운 것을 시도하자고 하면 경험이 없다고 하고 전통적인 비즈니스라고 하면 어렵다고 하고 새로운 비즈니스 모델이라고 하면 다단계라고 하고 상점을 같이 운영하자고 하면 자유가 없다고 하고 새로운 사업을 시작하자고 하면 전문가가 없다고 한다. 그들에게는 공통점이 있다. 구글이나 포털에 물어보기를 좋아하고 희망이 없는 친구들에게 의견 듣는 것을 좋아하고 자신들은 대학교 교수보다 더 많은 생각을 하지만 장님보다 더 적은 일을 한다."

02

꾸미는 것도 실력이다

"사람은 마흔 살이 넘으면 자신의 얼굴에 책임을 져야 한다."

-미국의 16대 대통령 링컨

많은 의미를 함축하고 있는 말이라고 생각한다. 지금은 남녀노소 모두 자신을 꾸미는 것이 당연해진 시대가 되었다. 친구가 피부과를 운영하는데, 그곳은 갈 때마다 70세 이상 되시는 나이 많으신 분들로 항상 북적북적 거렸다. 그 모습을 보면서 친구에게 물었다.

"저렇게 나이 많으신 분들도 많이 와?"

"젊은 사람들보다 더 열심히 하셔, 이제 돈 쓸 데 없지, 시간 많지, 검버섯에 점에 할 거 많거든."

돌아가신 우리 외할머니만 하시더라도 시골에서 평생 농사만 지으시다가 화장품 한 번 바르는 것 보지 못하고 돌아가셨는데 시대가 참 많이 변하긴 했다는 생각이 들었다. 그런데 이렇게 자신을 꾸미는 것이 미덕이 된 사회에서도 아직도 자신의 모습을 책임지지 않는 사람들이 너무나 많다. 대표적으로 우리 형만 봐도 그렇다. 내가 형한테 항상 비비 바르고 다녀라, 아니면 피부과를 다녀라, 머리는 더 깔끔하게 해라, 옷은 이렇게 입어라, 아무리 잔소리를 해도 그래 너는 떠들어라, 나는 내 갈 길 간다, 이런 식이다. 전혀 내 이야기를 귀담아 듣지 않는다. 그리고 나서 하는 말이 있다.

"나는 실력으로 승부해."

오 마이 갓이다. 진짜 오 마이 갓, 실력으로 승부를 한다니. 이런 비즈니스 개념이 없는 소리를 하다니 참 신박하다. 고객은 우리에게 많은 시간을 주지 않는다. 단 5초면 상대방의 첫인상은 결정된다. 그렇게 한 번 박힌 이미지를 바꾸는 것은 쉽지 않다. 그래서 더 첫인상이 중요한 것이다. 그리고 무엇보다도, 이미지 메이킹하는 것도 결국 실력이다. 나라고 맨날 아침마다 머리 빳빳하고 단정하게 하고 풀세트로 정장 다 차려입고 출근하는 것이 쉬운 줄 아는가! 나도 이게 좋아서 하는 게 아니다. 나도 츄리닝에 슬리퍼 신고 출근하면 더 좋다. 어차피 내가 대표인데 회사에서 나한테 잔소리할 수 있는 사람도 없다. 하지만 일이기 때문에 귀찮아도 하는 것이다. 직원들에게 그리고 나의 수강생들과 고객들에게, 게다가 요새는 길을 가다 인사를 하시는 구독자 분들에게까지. 모두를 위해서 말이다. 그분들이 생각하는 나의 이미지를 그대로 유지해야 하기에 항상 나를 단정하게 하고 출근한다.

우리 친형은 변호사이기 때문에 물론 고객들에게 유리할 수 있다. 아직 우리나라에서 굉장히 우대받는 직업이니까 말이다. 하지만 스스로 이미지 메이킹을 하고 언론이나 온라인 채널을 통해서 자신을 브랜딩한다면 지금보다 훨씬 더 크게 성장할 수 있다. 하지만 하지 않는다. 이제는 변호사고 세무사고 고개 빳빳이 들고 예전처럼 떵떵거리면서 먹고 살 수 있는 시대가 아니다. 그 사람들도 그것을 알기 때문에 유튜브를 찍고 TV에 나오려고 하고 블로그와 카페를 도배하고 있다. 이곳 역시 아주 살벌하기 그지없는 영업의 현장이었다.

자신을 가꾸는 것도 실력이다. 나를 더 멋진 이미지로 만들어내야 고객들은 나와 믿고 계약을 한다. 비즈니스 파트너도 멋진 사람과 함께하고 싶지, 후줄근하고 없어 보이는 사람과 일하고 싶지 않다. 이것은 뭐 전 세계 사람들 다 똑같을 것이다.

세상 그 누구라도 세련되고 멋진 조인성 같은 사람이랑 일하고 싶어 하지, 술주정뱅이처럼 얼굴 벌게진 채로 구겨진 셔츠에 퀴퀴한 냄새나는 사람과 일하고 싶은 사람은 없을 것이다. 그런데도 아침 출근길 지하철에서 보면 구겨진 셔츠, 헝클어진 머리, 전날 회식을 한 듯한 퀴퀴한 냄새가 나는 옷, 시뻘게진 얼굴과 술 냄새, 이 상태로 정장만 입고 출근하시는 분들 꽤 많다. 무슨 생각으로 그러는 건지 모르겠다. 혹시 정말 TV 속 한 장면처럼 그렇게 하고 있으면서도 거울을 보면서 '음~ 나 정도면 괜찮은데.' 이런 생각을 하고 있는 걸까? 그런 모습을 하고 다니면서 돈은 벌고 싶은 건가? 부자가 되고 싶으면 부자처럼 입고 생각하고 행동해야지. 왜 그렇게 하지 않는 걸까? 부자들처럼 명품으로 온몸을 감으라는 것이 아니다. 그래도 적어도 누가 보더라도 참 깔끔하다고는 이야기할 수 있을 만큼 이미지는 갖춰야 하지 않겠는가.

모든 부자가 옷을 잘 입고 깔끔하게 하고 다니는 것은 물론 아니다. 하지만 내가 지금까지 보아온 부자들의 80% 이상은 자신을 가꾸고 깔끔한 이미지를 연출하고 있었다. 없는 사람들일수록 겉모습에 신경 쓰지 않는다. 부자가 되고 싶다면 이미 부자가 된 것처럼 행동하고 말하고 생각해야 한다. 그래야 진짜 부자가 된다. 링컨 대통령이 한 말의 의미를 나는 이렇게 생각한다. 자신을 가꾸는 것도 당연하고 짓고 있는 표정하나 풍겨져 나오는 표정 하나까지도 관리를 해야 한다는 의미로 받아들인다. 옛날에 천안에 살 때 동네에서 가장 못 사는 동네에 살았다. 많은 사람의 표정이 굳어져 있었다. 엘리베이터에서 만나도 서로 인사하지 않았다. 서로를 향한 불편함만 느껴졌다. 잘 사는 동네 사람들은 엘리베이터에서 어떻게 하는지 물어봐라. 서로 엄청 밝게 인사하고 표정 자체가 여유 있고 밝다. 그리고 서로를 존중해 준다. 하지만 가난한 동네 사람들은 그렇지 않다. 두 곳에서 다 살아봐서 누구보다 잘 안다. 항상 '내가 이 거지 같은 동네 하루 빨리 떠나야지.'라고 생각하기 때문에 서로 인사할 일이 없다. '나는 너희와는 달라. 금방 벗어날 거야.' 라고 생각하기 때문에 당연하다. 얼굴에는 걱정이 보인다. 그래서인지 옆집에 갓난애가 살든 말든 복도에서 담배를 뻑뻑 피워댄다. 심지어 엘리베이터 기다리면서 담배 피는 인간들도 진짜 많았다. 그것 때문에 내가 몇 번을 싸웠는지 모르겠다. 그냥 세상이 다 싫으니 뭐 지킬 매너가 어디 있겠는가? 그냥 사는 거다. 더 골 때리는 건 그런 동네에는 범죄자들도 제법 산다는 거다. 성범죄자들 신상이 공개되는데 우리 옆 동, 뒷동에 살고 있었다. 빽하면 신상이 우편으로 날아왔다. 정말 싫었다. 나는 불과 몇 년 전까지 아이들과 그런 동네에서 살았다. 그때는 나도 힘들었다. 이제와서 하는 이야기가 아니라 그때도 지금도 아무리 힘들어도 항상 밝음을 잃지 않으려고 노력했고 노력하고 있다. 혼자서 죽상에 인상 쓰고 있어 봐야 달라지는 건 없다. 거울 앞의 내 모습이 죽을상이면 너무 안타깝지 않은가. 그런 모습으로 어디 부자의 반열에 오를 수 있겠냐는 말이다.

내 이미지 메이킹의 롤 모델은 어이없게도 현빈이었다. 웃는 소리가 여기까지 들리는 것 같지만 사실이다. 그렇게 입고 걷고 말하려고 연습 많이 했었다. 그래서 그나마 이만큼 사람이 된 것이다.

꾸며라. 자신이 가지고 싶은 이미지로 자신을 만들어내라. 그리고 그 표정까지 만들어 보자. 웃는 얼굴에 침 못 뱉는다고, 밝은 에너지로 웃고 있는 사람과 함께하고 싶지, 맨날 죽을상을 짓고 침울하게 하고 있는 사람과는 어울리고 싶지 않은 게 당연하다. 당신은 어떤 사람과 어울리고 싶고 어떤 사람이 되고 싶은가?

당신 미래의 모습을 지금 만들어내라.

그래야 그 미래가 진짜 다가온다.

상상이 현실이 된다는 사실을 잊지 마라.

03

자존감이 부자를 만든다

두 번째 책의 원고를 완성하고 예전부터 함께 일하고 싶었던 쌤앤파커스라는 출판사에 투고를 하였다. 첫 번째 책 원고도 그곳에 투고를 했었지만 그땐 신인 작가를 상대해 주지 않았다. 보기 좋게 까였다. 그리고 한 번 더 도전했다. 다행히도 이번에는 출판사에서 연락이 왔고 실장님과 미팅을 하게 되었다.

"작가님, 책 너무 재미있게 읽었습니다. 저희 출판사와 계약하시죠. 그리고 작가님은 딱 보니까 이제 앞으로 컨셉을 약간 거만하고 건방진 이미지로 끌고 나가면 좋을 것 같아요. 이미지가 딱 그런 이미지예요."라는 말을 들었다. 건방지고 싸가지 없고 거만한 이미지. 내가 지금까지 살면서 가장 많이 들었던 소리가 아닐까 싶다. 한 번은 선배들과의 모임에서 가장 친하게 지내는 선배가 이런 말을 했다.

"너는 참 한결같이 싸가지 없는 캐릭터야, 아주 좋아."

맞다. 나는 참 한결같은 캐릭터를 지니고 있다. 날카로운 인상과 내성적이고 소심한 성격, 그 성격을 감추기 위한 자기 방어적 행동과 날카로운 말투가 나의 이미지를 소위 말하는 싸가지 없는 캐릭터로 만들었다. 하지만 나는 나의 이런 모습이 좋았다. 그런데 한때 소위 잘나간다는 사람을 만나면서 내 이미지가 싫어졌다. 나는 나보다 훨씬 더 많은 부를 가졌고 자신의 분야에서 성공한 사람들에게 사랑받고 싶었다. 그런데 항상 건방지다, 싸가지 없다, 그런 소리를 들으며 그 사람들에게 사랑받지 못하는 것 같아서 그게 엄청난 스트레스로 다가왔다. 사람들에게 더 사랑받기 위해 이미지를 바꾸려 부단히 애썼다. 안경도 써보고 사람들의 칭찬에 '아닙니다. 별거 아닙니다. 괜찮습니다. 감사합니다.'라며 겸손, 또 겸손을 떨었다. 그리고 사람들의 비위를 맞추고 분위기를 띄우기 위해서 나를 낮추고 스스로를 깎아내려 웃음을 주기 위해서 노력했다. 하지만 사람들에게 사랑받으려고 노력하면 할수록 점점 더 멀어지는 것만 같았고 나만 비참해지는 것 같았다.

JTBC에서 했던 〈내 아이디는 강남미인〉이라는 드라마에는 '현수아'라는 인물이 나온다. 그는 많은 사람들에게 사랑받는 아름다운 외모와 성격, 말투를 가지고 있다. 하지만 그런 아름다운 모습을 하고 있으면서도 모두에게 사랑받기 위해서 다른 사람들을 아프게 하고 사람들의 사이를 이간질한다. 자신의 모습을 더 아름답게 하기 위해 음식을 먹자마자 몰래 화장실로 가 먹은 음식을 다 토해낸다. 모두에게 사랑받기 위해 점점 더 괴물처럼 변해간다. 현대 사회의 우리 모습, 그때의 내 모습이 떠올랐다. 사랑받고 있으면서도 모두에게 사랑받기 위해서 점점 변해가고 스스로 자존감을 망가트린다. 내가 만든 좌우명이 하나 있다.

겸손할 바에는 오만해져라.

첫 번째 책에 이런 내용을 썼다가 많은 사람들에게 꼴값떤다, 저런 말을 하는 사람이 무슨 작가라고 책을 쓰느냐, 주제 파악 못한다, 등 많은 욕을 먹었다. 하지만 그건 어디까지나 내가 사랑하고 지금까지 나를 뒷받침해 준 나만의 원동력이자 좌우명이었다. 우리나라 사람들은 겸손이라는 말을 참 좋아한다. 겸손하지 않은 사람들을 못 잡아먹어서 안달이다. 많은 오디션 프로를 보면 항상 사람들의 사랑을 받기 위해서는 아픈 사연, 슬픈 사연을 가지고 있어야 하고 언제나 겸손해야 한다. 나의 일에 자부심을 가지고 자신 있다고 말하는 사람은 허세라고 말하고 자신감에 가득 찬 캐릭터는 근자감(근거 없는 자신감)이라는 단어로 수많은 악플에 시달려야 한다. 그럴 때마다 사람들이 하는 이야기. '벼는 익을수록 고개를 숙인다.' 맞다. 나도 이 말에는 백 번, 천 번 동의한다. 하지만 이건 내가 그만큼 많은 것을 이루어냈을 때이다. 벼도 익은 후에 고개를 숙이지 익기 전까지는 고개를 최대한 빳빳이 위로 들고서 올라가야 한다. 그렇지 않으면 그 벼는 농부에 손에 뽑혀버린다. 지금 우리는 겸손이라는 이름으로 자신을 낮출 때가 아니라 자신을 누구보다 사랑하고 아껴주며 스스로의 자존감을 최대한 치켜세워야 한다. 절대로 겸손이라는 포장으로 나를 낮추지 마라.

5년 전 나는 도망자 신세가 되어버렸다. 스스로 자존감이 떨어지니 사람들을 만나지 않았고 한때는 휴대폰 세상 속에 갇혀서 살았다. 사람들을 만나더라도 그 사람들에게 잘 보이기 위해서, 사랑받기 위해서 노력했다. 그럴수록 더 사랑받지 못했고 자존감이 떨어진 상태에서 하는 일들은 잘 풀릴 리 없었다. 나는 우리 부모님이 낳아주시고 지어주신 세상에서 가장 자랑스러운 안규호라는 이름을 잃어버렸다. 나를 잃어버렸고 폐인이 되어버렸다. 일이 잘 풀릴지 않을 때마다 습관처럼 이렇게 말했다.

"내가 하는 일이 그렇지 뭐, 어쩐지 요새 별일 없다 했어, 사는 거 진짜 ×같다."

삶은 점점 더 꼬여만 갔고 나는 극심한 스트레스에 시달렸다. 그때는 술만 마시면 혼자서 미친 사람 마냥 고래고래 소리를 질러대고 울어댔다. 모든 것이 다 짜증이 났고 세상이 원망스러웠다. 하지만 세상은 그대로였고 나만 점점 더 깊은 수렁으로 빠져들 뿐이었다.

그러던 중 우연히 들린 카페에서 흑인 최초로 퓰리처상, 소설상을 수상한 제임스 앨런 맥퍼슨의 〈행동반경〉이라는 책을 읽게 되었다. 그 책에는 이런 내용이 있었다. 리언이라는 소년이 선생님에게 이렇게 말한다. 우리 아빠가 말했어요. 이 세상에서 무엇이든 갖기 위해서는 자화자찬하는 법을 배워야 한다고요.

"그건 왜지, 리언?"

선생님의 물음에 그 작은 소년은 가슴을 앞으로 내밀면서 말했다.

"왜냐하면, 내가 자화자찬하지 않으면 아무도 나를 칭찬해주지 않으니까요."

그 구절을 읽는 순간 나도 모르게 눈물이 날 것만 같았다.

나는 그동안 나라는 존재를 잃어버렸고 내가 어떤 색을 가지고 있는지를 잊어버렸었다. 사람은 가장 나다울 때 빛난다는 사실을 잊어버린 채 다른 사람들에게 휘둘리며 살았던 것이다.

나는 잃어버린 나를 다시 찾기로 했다. 예전의 나로 돌아가기로 했다. 아침에 일어나자마자 거울을 보며 스스로 최면을 걸었다. 나는 대한민국 최고의 사나이다. 나는 연봉 10억의 사나이다. 나는 할 수 있다.

아침, 점심, 저녁 거울을 볼 때마다 혼자서 또 되뇌고 또 되뇌었다. 습관적으로 내뱉어대는 부정적인 말들을 절대 하지 않기로 했다. 항상 긍정적인 말과 생각만 하도록 노력했다. 고 김광석 가수의 〈일어나〉, 유재석 님의 〈말하는 대로〉, 봄여름가을겨울의 〈브라보 마이 라이프〉, 이 노래들을 매일같이 들었고 알람과 휴대폰 벨소리로 해두었다. 나를 절망에서 일어나게 해준 나의 인생 명곡들이다. 〈말하는 대로〉의 노랫말처럼 나는 정말 인생이 말하는 대로 된다고 확신한다. 내가 경험해 보았기 때문이다. 가수가 노래 제목 따라간다는 말을 들어보았을 것이다. 우리의 인생은 자신의 말을 따라가더라. 내 입에서 부정적이고 비관적인 말이 쏟아지는 순간 내 인생은 똑같이 따라갔다. 내가 긍정적인 말을 뱉어내고 할 수 있다, 나는 해내고야 만다, 희망의 말을 내뱉자 내 삶도 점점 더 내가 원하는 방향으로 흘러가고 있었다. 결국은 내가 어떤 자존감을 가지고 얼마나 나를 사랑하느냐에 따라 원하는 인생이 펼쳐진다는 거다. 지금 자존감과 자신감이 바닥을 치고 인생에 지쳐 의기소침해져 어깨가 굳어져있다면, 당장 어깨부터 쫙 펴고 고개를 빳빳이 치켜세워라. 절대 사람들에게 인생에서 약한 모습을 보이지 마라. 당신의 슬픔과 아픔에 90%의 사람들은 무관심하며 나머지 10%는 기뻐할 것이라는 사실을 잊지 마라. 우리는 부모님의 세상에서 가장 큰 자랑이자, 우리 아이에게는 세상에서 가장 든든한 버팀목이다. 당신은 이 세상에서 가장 소중한 존재이다.

부자가 되고 싶다면 부자처럼 생각하고 행동하고 말해라.

당신도 틀림없이 부자가 될 것이다.

절대로 가난하게 생각하고 행동하고 말하지 마라.

그럼 당신은 가난한 패배자가 될 것이다.

내가 나를 대하는 그대로

세상이 나를 대한다는 사실을 절대 잊지 마라.

04

돈을 끌어당기는 우주의 법칙

내 친구 중에 한 명은 성인이 돼서 지금까지 불타는 토요일을 한 번도 즐긴 적이 없다. 술을 엄청 좋아하는 친구인데 토요일에는 절대로 술을 마시지 않는다. 왜? 일요일에는 교회에 가서 기도를 해야 하기 때문이다. 술 취한 상태로 하느님에게 기도해서는 안 된다고 한다. 그래서 토요일에는 절대 술을 마시지 않는다.

종교를 믿지 않는 나로서는 이해하기 힘든 케이스이다. 하지만 그 친구에게는 본인만의 신념과 믿음이 있기에 20년 가까운 세월을 그렇게 본인이 좋아하는 것을 포기하고 살 수 있는 것이다. 종교를 믿고 흔히 신앙심이 깊다고 하는 사람들은 아무리 주변에서 이러네 저러네 말을 해도 절대로 흔들리지 않는다. 본인만의 확고한 신념과 믿음이 있기에 어떤 시련과 유혹이 있어도 매주 교회를 나간다. 많은 자영업자가 일요일에 본인의 가게 문을 닫으면서까지 종교행사를 간다. 비록 지금 가게 문을 닫아서 나에게 금전적인 손해가 있더라도 앞으로 하느님이나 부처님께서 더 많은 것을 주시고 나를 행복하게 만들어줄 것이라는 강한 믿음 때문이다.

나는 종교가 있진 않지만, 부와 성공은 종교와 같은 것이라고 생각한다. 확고한 신념과 믿음이 필요하다. 그리고 행동하면 누구나 지금보다 좋은 결과를 낼 수 있다고 믿는다. 하지만 몇몇 사람들에게는 본인이 성공할 수 있다는 믿음이 부족하다. 그렇기 때문에 목표를 세워놓고도 중간에 많은 유혹에 시달리고 핑계와 자기합리화를 거치며 포기하고 만다.

프랑스 황제 나폴레옹이 알프스 산맥으로 진격할 때의 이야기다. 험난한 산세와 추위, 거친 날씨와 무거운 짐을 짊어지고 나폴레옹의 부대는 알프스 산맥을 넘고 있었다. 그러던 중 두 부대가 산속에서 길을 잃고 말았다. 그리고 며칠 뒤에 두 부대 모두 구조되었는데 결과는 극과 극이었다. 한 부대의 사람들은 대부분 죽거나 몸 상태가 매우 심각했지만 다른 한 부대는 거의 모든 병사들이 멀쩡하게 살아남았다. 같은 시기에 구조된 두 부대는 어떻게 이렇게 다른 상태로 발견됐던 것일까?

한 부대는 알프스 산맥의 지도를 가지고 있었고 또 한 부대는 아무런 지도가 없었다. 이 지도 하나가 이렇게 큰 차이를 가지고 온 것이다. 당연한 결과이다. 하지만 놀라운 사실은 며칠 뒤에 밝혀졌다. 한 부대가 가지고 있던 지도가 전혀 엉뚱한 산의 지도였다는 것이다. 하지만 그 지도 하나가 결과를 완전히 바꿔놓았다. 지도를 가지고 있던 부대는 '이 지도대로만 따라가면 모두 살 수 있어!' 그런 강한 믿음을 품었다. 하지만 지도가 없었던 다른 부대는 서로 우왕좌왕하며 지금 길을 찾아나서야 한다, 아니다, 구조대를 기다려야 한다는 입장으로 나누어졌다. 하지만 떠난 쪽도 남은 쪽도 살 수 있다는 믿음이나 확신은 없었다. 어쩔 수 없는 선택, 마지못한 결정이었다. 꼭 우리들의 삶처럼 말이다.

나는 반드시 성공할 수 있다는 강한 믿음이 있어야 한다. 한 가지 어이없었던 에피소드가 떠올랐다. 나에게 강의를 들으러 오면서 이런 얘기를 한 사람이 있었다.

"대장님 강의를 듣는 사람은 몇 명이 성공을 하고 몇 명이 실패를 하나요?"

이런 말도 안 되는 질문이었다. 나한테 교육받는다고 세상 사람들 다 성공하면 내가 신이지 사람이겠는가. 나는 신이 아니다. 나는 다만 내가 가진 경영컨설팅이라는 기술을 알려주는 사람이고 그것이 현장에서 충분히 검증이 되었기 때문에 많은 수강생들이 좋은 성과를 낼 뿐이다. 그리고 몇 명이 되고 안 되는지 그것이 뭐가 중요한가. 세상에 성공하는 사람이 많은가, 실패하는 사람이 많은가? 당연히 실패하는 사람이 많다. 내가 가르치는 사람들 중에서도 실패하는 사람이 더 많다. 하지만 그만큼 성공하는 사람들이 많기 때문에 많은 사람들이 나를 존경해 주시고 좋아해 주시는 것이다. 비율이 높기 때문에. 그러니 내가 매달 많은 선물을 받는 것이고. 세상에는 실패하는 사람들이 열에 아홉이지만, 모두 실패가 아닌 성공을 꿈꾸며 달린다. 정말 바보 같은 질문이었던 것이다.

나는 지금까지 수많은 강의를 들으면서 그런 바보 같은 질문은 해본 적이 없다. 여기에서 단 한 명이라도 크게 성공한다면, 그게 나라면 된다는 전제하에 나는 움직였다. 남이 했다면 나도 할 수 있다. 딱 그것뿐이었다.

성공을 위해서는 나는 성공할 수 있다는 강한 신념과 믿음을 바탕으로 움직이고 또 많은 것을 포기해야 한다. 부와 명예, 친구, 워라밸, 모든 것을 가질 순 없다. 우리는 신이 아니니까. 기회비용이라는 게 필요하다.

당장 자기계발이 필요한 영업사원이 근무시간에 친구들을 만나러 가고 게임을 즐기고, 무의미하게 술을 마시고 있다는 건 본인의 성공보다 친구나 여가, 쾌락을 더 중요히 여기고 있다는 반증이다. 그러면서 부와 성공을 꿈꾸는 것은 자신에게 거짓말을 하고 있는 것이다.

내가 생각하는 우리의 목표와 성공에 관해 가장 짧게 함축해놓은 우화가 하나 있다. 바로 단군신화이다. 단군신화는 모두 알고 있을 것이다. 인간이 되고 싶었던 곰과 호랑이는 환웅을 찾아간다. 인간만 될 수 있게 해준다면 뭐든지 하겠다고 한다. 그러자 환웅은 어두운 동굴에서 백 일 동안 쑥과 마늘만 먹으면 인간이 되게 해주겠다고 했다. 그 길로 곰과 호랑이는 어두운 동굴 속으로 들어가 쑥과 마늘만 먹으며 살기 시작했다. 하루, 이틀, 일주일은 자신들의 평생의 소원인 인간이 될 수 있다는 믿음과 희망에 버티지만 시간이 갈수록 초심은 사라지기 시작했다. '이게 진짜 될까? 백일 뒤에 인간이 안 되면 어떡하지? 환웅이 사기 친 거 아니야? 이러다 백 일 전에 죽는 거 아니야? 다른 데 가면 더 쉽게 될 수 있는 방법도 있는 거 아닐까?' 별별 생각을 다 했을 것이다. 그리고 결국 호랑이는 수많은 핑계와 정신승리를 하며 포기하지만 소원을 이루겠다는 믿음, 반드시 이루어진다는 믿음을 가진 곰은 포기하지 않았다.

결국 곰은 인간이 되었다.

나는 이 이야기에 우리의 성공에 대한 모든 것이 함축되어 있다고 본다. 결국 확고한 신념과 믿음을 가지고 행동하는 자만이 원하는 것을 가질 수 있는 것이다. 곰은 성공을 위해 자신의 감정부터 식욕까지 많은 것을 포기하고 실행한 결과 소원을 이룬 것이다.

요즘 주식시장이 활발해지면서 지인 중 한 명이 자신의 시드머니를 가지고 꽤 많은 돈을 벌었다. 본인 연봉의 5배가 넘는 돈을 단 몇 3달 만에 벌었다. 그 친구는 봉급쟁이 직장생활을 하면서 시드머니를 모으기 위해서 많은 노력을 한 친구이다. 시드머니를 모으기 위해서는 투자를 해서 재테크를 해서 시드머니를 모으는 것이 아니라는 것은 모두 알 것이다. 시드머니라는 것은 내가 안 먹고 안 입고 안 다니고 현대 사회에서 정말 많은 것들을 포기하고 모은 돈이다. 그는 정말 악착같이 돈을 모았고 그 결과가 지금의 아름다운 결과를 만든 것이다.

시드머니를 모으는 사람들의 공통점은

나의 인생에서 다른 것보다 미래와 부를 위한 종잣돈이

더 중요하다고 생각하고 많은 것들을 포기한다는 것이다.

당신은 지금 당신의 부와 성공을 위해서 어떤 일을 하고 있고 어떤

것들을 포기하고 있는가?

혹시 아무것도 포기하지도 않고 아무것도 하지 않으면서

중간에 걸쳐 방황하고 있진 않은가?

지금의 당신과 앞으로 당신이 가야 할 길에 대해

진지하게 생각해보길 바란다.

05

부자의 운

예전 이런 일화가 있었다. 그날은 오랜만에 실시간 라이브 방송을 하고 있었다. 그런데 내 수강생 중에 '진선미'라는 이름을 가진 대표님께서 방송에 들어오셨다.

"진선미 대표님 반가워요." 하고 인사를 했다.

"대장님 저 기억하세요?" 하시길래

"대표님을 어떻게 기억 못하겠어요, 리액션이랑 에너지가 좀 좋으셨어요? 기억 못할 수가 없지."

그렇게 대답했다. 그리고 며칠 후에 이런 소식을 들었다. 우연히도 내 방송을 진선미 대표님의 친구도 함께 시청을 하고 있었던 것이다. 그리고 방송이 끝나고 친구한테 연락이 왔다는 것이다.

"선미야, 너 안대장님이랑 어떻게 알아?"

"안대장님한테 교육받고 있어."

"무슨 교육인데?"

"경영컨설팅이라고 중소기업들, 소상공인들 각종 지원책과 절세 컨설팅 해주는 거야."

"아, 그래? 내 남편도 조그마한 중소기업 운영 중이야, 그럼 내 남편도 컨설팅 좀 해줘."

이렇게 해서 계약을 했다는 것이다. 실로 엄청난 우연이고 행운이 아닐 수 없다. 하지만 나는 조금 다르게 생각한다. 나는 세상에 요행으로, 재수가 좋아서 성공하는 사람은 많지 않다고 생각하는 주의니까 말이다. 세상 모든 일에는 다 이유가 있다고 본다.

내가 말했던 이 대표님은 에너지가 너무 좋다. 왜 한 번만 만나도 좋은 에너지를 풍기고 리액션이 기가 막힌 사람들이 있지 않은가! 내 수강생이지만 난 이분을 한 번밖에 보지 못했다. 그런데도 기억을 한다. 내가 일 년에 천 명 넘게 가르치는데 그 중에서 내가 이름과 얼굴을 기억하는 비율은 10%밖에는 되지 않는다. 나머지는 길에서 마주쳐도 누구인지도 모르고 지나치는 사람들이 대다수이다. 하지만 이 대표님은 본인만의 밝은 기운과 사람을 기분 좋게 해주는 리액션, 에너지 때문에 딱 한 번 만났는데도 기억하고 이름을 부를 수 있었고 그 덕분에 고객까지 창출할 수 있었던 것이다. 그렇게 행운이 온 것이라고 나는 생각한다. 재수가 기가 막히게 좋은 것이 아니라 스스로 운을 좋게 만든 것이라고.

이렇게 말하는 사람들이 생각보다 많다. 성공은 운이라고, 자기가 실패하는 이유는 운이 없어서라고. 정말 대단한 논리다. 이렇게 성공을 운이라고 치부하고 자신은 재수가 없어서라고 말하면, 사실 이건 답이 없다. 그렇다면 이런 사람들은 성공하기 위해서 열심히 대운만 기다리면 되는 것이다. 아니면 무당을 불러서 매년 굿을 하든지.

우리에게 살면서 오는 행운, 그중에서도 요행과 항상 좋은 운을 만드는 사람의 차이 정도는 구분을 해야 한다. 내가 길을 가다가 돈을 주었다. 이런 건 행운이고 재수가 좋다고 할 수 있다. 이건 요행이다. 뜻밖의 행운. 반면 운을 만드는 사람은 따로 있다.

친구 어머니가 일식집을 운영하시다가 쫄딱 망했다. 그래서 가족까지 모두 흩어지고 어머니는 홀로 타지로 나가 시골공단 근처에서 아주 조그마한 식당을 하면서 사셨다. 찾아오기도 힘든 시골에 식당에서 집도 없고 식당 한켠에서 숙식을 하면서 그렇게 사셨다. 그래도 근처에서는 음식 맛 좋고 친절하다고 소문이 나서 제법 장사가 잘되기 시작했다. 하지만 그래 봐야 겨우 입에 풀칠하고 사는 정도였다. 그런데 단골손님 중에 한 명 대기업 간부가 있었던 것이다. 거래처 왔다 갔다 하면서 우연히 왔는데 맛있어서 계속 오게 되었단다. 하루는 그 간부가 친구 어머니에게 한 마디를 건냈다.

"이번에 우리 하청 업체에서 구내식당 만들어서 입찰한다네, 사업자 하나 내서 넣어 봐요, 맛은 내가 보장하고, 구내식당 경험이 없어서 입찰이 안 되지만 내가 얘기해 줄 테니까 입찰은 한번 넣어 봐요."

어머니의 식당은 결국 그 입찰에서 선정되면서 단체 급식의 세계로 뛰어들게 되었고 수십 개의 공장에 급식을 납품하고 연매출 몇백억 대의 회사로 성장하게 되었다. 완전히 인생 역전한 것이다. 정말 순식간에 부자의 반열에 오르게 되었다.

자, 이 이야기를 듣고 어떤 생각이 드는가? 역시 성공은 재수야, 재수 엄청 좋은 사람이구만? 그런 생각? 그 기업의 간부가 이분에게 성공의 열쇠를 제공해주었다. 그런데 그 간부가 단골로 다니는 식당, 그리고 한 번씩 가는 식당이 얼마나 많았을까? 그런데 그 사람들에게 모두 이런 기회를 주었을까? 절대 아닐 것이다. 그럼 왜 이분에게만 그런 제안을 했을까?

다른 식당보다 맛있고 친절하고 에너지도 좋고 더 성장할 수 있는 괜찮은 사람이라고 판단했기 때문일 것이다. 나도 친구 어머니라서 몇 번 뵈었지만 어머니는 항상 웃고 계신다. 그리고 에너지가 너무 좋으시다. 진짜 에너지 좋은 사람들은 무조건 성공하는 것 같다. 그리고 같이 있으면 친구 어머니인데도 불구하고 불편하지 않게 재밌게 해주신다. 뭐 음식 맛은 말할 것도 없고 말이다. 이런 사람들이 바로 운을 만들어 가는 사람들이다.

실제로 성공을 운이라고 말하는 사람들이 있다. 며칠 전에 유튜브에서도 매출 100억 대의 젊은 CEO가 나와서 인터뷰를 하는데 성공의 비결을 묻는 질문에 운이 좋았다고 하더라. 그리고 투자회사를 차려서 좋은 기업에 투자를 해서 한 번에 벼락부자가 된 사람도 나와서 인터뷰를 하는데 그 사람도 자신의 성공 비결을 운이라고 하더라.

나는 그렇게 말하는 사람들은 정말로 그렇게 생각을 하는 건지 아니면 남들 인생이야 어떻게 되든 말든 자기 혼자 겸손해 보이고 싶어서 그런 말을 하는 건지는 모르겠으나 후자의 경우라고 생각한다. 본인의 성공이 운이라고 말하면서 유튜브 채널에 나와서 성공하는 방법을 말하고 있다. 정말 모순이다. 대체 운 좋아서 성공한 사람이 무슨 할 말이 그렇게 많을까. 우리가 로또 일 등 된 사람을 앉혀 놓고 성공의 비결을 묻지는 않지 않는다. 복권 당첨은 운이라는 것을 모두가 아니까.

연 매출 100억 CEO, 운이라고 하면서 마케팅부터 요리 개발까지 정말 많은 비결을 말하더라. 투자회사로 벼락부자 된 대표는 카이스트 출신이다. 그래서 동기에게 투자를 한 것이다. 본인이 카이스트까지 갔고 그런 친구를 둘 수 있었던 것도, 결국은 그 사람이 운을 만든 것이다. 대한민국 상위 0.1% 집단에 노력해서 들어간 것이지 누가 억지로 넣어준 것이 아니지 않는가. 그렇기에 찾아 올 수 있었던 행운이다. 그리고 내가 실제로 사석에서 만났을 때, 성공을 운이라고 하는 사람 없더라. 다 자기가 잘해서 해낸 거라고 말하지. 나 역시 마찬가지고 말이다. 그런데 신기하게 방송에서는 운이라고 말하는 아주 겸손쟁이들이 존재한다. 참 신기한 일이다.

주식으로 돈 번 사람들은 다 자기가 잘한 것이고 망한 사람들은 다 시장 탓, 남 탓, 정보 탓을 한다. 성공의 이유는 하나인데 실패의 이유는 너무나 각양각색이다.

성공을 절대로 운이라고 생각하지 마라. 어디 세상이 그렇게 녹록하던가. 성공한 사람들의 미화된 이야기를 들으면서 진짜라고 믿는 어리석은 판단은 하지 않길 바란다. 우리는 이제부터는 스스로 운을 만들어 가야 한다. 그렇다면 어떻게 하면 성공의 대운을 만들 수 있는가? 이미 모두가 알고 있는 것들이다.

첫 번째: 밝은 인사와 미소

누구를 만나더라도 밝고 활기차게 웃으면서 먼저 인사해 주자. 인사 잘하고 잘 웃는다고 어디 돈 들어가는 거 아니다. 누가 나한테 먼저 밝고 활기차게 인사하는데 욕하고 침 뱉을 수 있을까? 밝은 인사와 미소야말로 공짜로 점수를 따고 나의 매력을 보여줄 수 있는 최고의 무기가 아닐까 싶다.

두 번째: 칭찬, 감사, 축하

다른 사람들의 기분을 좋게 해주자. 예쁜 넥타이를 차고 온 동료에게 넥타이 예쁘네, 어디서 샀어? 가 아니라, 넥타이 예쁘네, 그렇게 밝은 색 하니까 얼굴이 확 산다. 어디서 샀어? 나도 좀 알려줘. 그렇게 사물이 아니라 사람을 칭찬해주자. 그리고 항상 부정적이고 시기와 질투의 나쁜 말이 아닌 감사와 축하, 칭찬의 말을 건네자. 이것 역시 공짜로 줄 수 있는 최고의 선물이 되어 줄 테니까.

세 번째: 성실과 노력, 성장

세상에 성실하고 열심히 사는 사람 싫어하는 사람 없을 것이다. 그리고 옆에서 봤을 때 계속해서 성장하는 모습을 보여주는 사람이라면 그 누구라도 '저 사람은 참 괜찮아. 도와주고 싶다. 누구라도 소개해주고 싶다.' 이런 생각을 할 것이다. 다른 사람에게 우리를 좋은 사람이라고 각인시켜 줘야 한다. 성실하게 노력하는 모습은 아름다운 모습이고 많은 사람들을 감동시킬 수 있으니까 말이다.

네 번째. 먼저 연락하라

내가 제일 못하는 부분이지만, 그 중요성은 나 역시 항상 인지하고 있다. 내가 아는 대표님은 일 년에 한 3번 정도는 내게 전화를 걸어서 그냥 안부를 물으신다. '잘 지내? 언제 밥 한번 먹자.' 옆에서 보면 참 사람 관리를 잘하시는 대표님이다. 항상 자기를 낮추고 상대방에게 넌 나에게 소중한 사람이야, 넌 멋진 사람이야, 라는 생각을 갖게 만들어 준다. 정말 멋진 대표님이다. 이런 사람 관리 능력 덕분에 작은 휴대폰 가게 하나로 시작해서 지금은 100개가 넘는 휴대폰 가게를 가진 성공한 대표님이 되었다. 꼭 이유가 있어서가 아니라 가끔씩 사람들과 안부를 주고받자. 그것이 당신에게 어떤 행운을 가져다줄지는 아무도 모르는 거니까.

다섯 번째: 신뢰

오랜 친구, 벗이 되고 파트너가 되고 싶다면, 신뢰만큼 중요한 게 또 있을까? 믿음과 신뢰라는 녀석은 한번 금이 가면 돌아오지 않는다. 지금 당장 힘들다고 아니면 나의 약간의 이득을 위해서 사람들과의 믿음과 신뢰를 져버리는 바보 같은 짓은 하지 말자.

지금 말한 이 다섯 가지가 좋다는 것을 모르는 사람은 아무도 없을 것이다. 다만 실천하기가 힘들 뿐이지.

우리 더 이상 성공을 운이라고 말하며
스스로를 재수 없는 사람으로 만들지 말고,
앞으로는 스스로 우리의 행운 역시 만들어나가자.
어차피 미래는 우리 자신이 만들어가는 것이니까.

06

센스 없는 부자는 없다

황정민 주연의 베테랑이란 영화에 이런 대사가 나온다. '판사는 판결로 죽이고 형사는 조서로 죽이는 거다.' 나는 이 말을 인용해 사업가는 센스로 죽이는 거다. 라고 말하고 싶다. 센스라는 건 배워서 할 수 없는 것이고 또 알려주는 곳도 없다. 오로지 혼자서 터득해야 하는 신비로운 기술이 아닌가 싶다.

며칠 전 일이었다. 내게는 하루에도 읽어보고 결재를 해야 할 서류가 수십 가지가 들어온다. 매일 출근하자마자 서류와 싸우는 것이 가장 힘든 일이다. 그런데 하루는 한 직원이 서류를 가져다주면서 거기에 '대장님! 신청서 30부 먼저 책상 위에 올려두겠습니다! 추가 신청자는 내일 오전 중으로 출력할

예정입니다. 오늘도 '죽토미*입니다.'라는 내용의 메모를 붙여 둔 것이 보였다. 어떻게 보면 별 대수롭지 않은 메모지인데 이 작은 메모지 하나에 기분이 너무나 좋아졌다. 하루 종일 방 안에 앉아서 서류와 싸웠다. 퇴근할 때까지 밥도 안 먹고 화장실 한 번을 못 갈 때도 많았다. 언제나 할 일이 산더미 같았다. 정신적으로 힘들고 스트레스도 굉장히 심했다. 그런데 우리 직원이 써 준 이 작은 쪽지 하나에 힘이 솟고 파이팅이 생긴 거다. 앞으로도 이 직원을 볼 때마다 영원히 이 쪽지가 기억이 날 것이다. 생각지 않았던 일, 지금까지 한 번도 없었던 일. 지금까지 나를 스쳐간 그 수많은 직원 중에 단 한 명도 그런 사람이 없었다. 항상 서류만 덩그러니 놓여 있을 뿐이었다. 그리고 메모가 있어도 항상 똑같았다. '무슨 무슨 내용입니다. 결재 부탁드립니다.'이게 끝이다. 그런데 이 쪽지는 응원이 담겨있는 것 같기도 하고 그 직원의 의지가 담겨있는 것 같기도 해서 참 좋았다.

사람을 감동시키는 센스는 별게 아닌 것 같다.

그냥 이렇게 사소한 것, 그리고 생각지 못한 것.

이런 작은 센스 하나에 사람들은 감동하고 내 편이 되어 준다.

---

*죽토미: 죽도록 토할 때까지 미친 듯이 파이팅하자.

사람의 마음을 사로잡을 수 있다는 것은

그만큼 매력적이라는 것이고 매력적인 사람은

그 어떤 비즈니스에서도 성공할 수밖에 없다.

어느 한여름에 로데오 거리에 정장을 사러 간적이 있다. 가는 곳마다 친절했다.

"어서 오세요, 뭐 보러 오셨어요? 이쪽으로 오세요. 이번에 나온 신상 라인인데요."

모든 점포가 친절했지만 똑같았다. 그런데 한 점포에 들어갔을 때 전혀 다른 방식으로 응대하는 점원을 만났다.

"어서 오세요, 밖에 너무 덥죠. 그런데 한여름에도 이렇게 정장 다 갖춰 입으세요?"

"네, 저는 일 때문에……."

"그럼 요새 나온 쿨소재라고 있어요. 이걸로 한번 보세요. 그럼 지금보다는 훨씬 시원하실 거예요."

느껴지는가? 작은 센스 하나가 얼마나 큰 차이를 만드는지. 친절이라는 기본 전제는 모두 똑같았지만 나는 마지막 가게에서 옷을 샀다. 센스라는 건 결국 얼마나 고객을 바라보느냐의 문제인 것이다. 형식적이고 정형화된 틀을 벗어나 조금만 더 고객의 입장을 생각하고 고객을 바라볼 수 있어야 한다. 나에게 정장을 팔았던 그 직원은 다른 사람들 모두 좋은 옷, 예쁜 옷을 소개해줄 때, 유일하게 고객인 나에게 집중해주고 관심을 보여준 것이다.

"덥죠, 그럼 당신을 위해서 시원한 옷을 입으세요."

아무리 좋고 예쁜 옷이라고 한여름에 파카를 입진 않는다. 파카를 사란 이야기를 하는 사람도 없다. 센스라는 것은 상대방에 대한 관심이고 표현이다. 그러기 위해서는 관찰력을 기르고 항상 한 번 더 상대 입장에서 생각하는 것을 습관화해야 한다. 그리고 알고 있는 것이 아니라 말로 그리고 행동으로 표현할 수 있어야 한다.

또 예전에 일을 하면서 엄청 감동 받았던 사례도 하나 있다. 영업사원을 한 명 만났다. 그리고 두 번째 만났을 때, 커피숍을 가는데 갑자기 전화가 와서 같이 들어갈 수 없는 상황이었다.

"대표님, 뭐 드시겠어요? 제가 먼저 시켜놓을게요."

"전 아이스 아메리카노 마실게요."

그리고 통화를 마치고 들어가서 커피를 마시는데, 어! 이럴 수가. 커피가 달달하니 딱 내 취향이었다. 그래서 물었다.

"혹시 여기에 시럽 넣으셨어요?"

"그때 보니까 시럽 한 번 넣어서 드시기에, 한 번만 넣었어요. 괜찮으세요?"

아……. 감동이 쓰나미처럼 몰려왔다. 이런 센스 있는 사람이 있다니. 한번 만났을 뿐인데 내 커피 취향을 기억하고 있다니. 이 친구는 처음 커피숍을 갔을 때부터 나를 유심히 관찰하고 기억해 준 것이다. 자신을 기억해주고 알아주는 사람보다 세상에 고마운 사람이 어디 있겠는가! 괜히 영업왕이 되고 돈을 번 게 아니다. 그런 생각이 들었다.

그리고 또 얼마 전에는 지인의 소개로 유명한 사업가를 한 분 만났는데 그 분도 유튜브를 한다는 이야기를 들었다. 사업의 규모로는 나보다 훨씬 더 크지만 유튜브 구독자는 천 명 조금 넘는 작은 채널이었다. 그래도 처음 만나는 사람에 대한 예의로 만나러 가는 길에 그 분의 유튜브를 정독하면서 약속장소로 갔다. 그리고 이제 저녁을 먹는데 유튜브에서 봤던 내용을 기억하고 이야기해주니까 어린아이처럼 너무 좋아하는 것이 아닌가. 상대방이 내게 관심을 갖고 기억을 한 것이기 때문에 어쩌면 당연한 것이다. 그리고 식사가 끝나고 그 분이 나한테 이런 말을 했다.

"진짜, 괜히 성공하신 게 아니구나. 한 수 배웠습니다."

그 이야기를 듣는데 기분이 무척 좋았다. 서로에 대한 인정과 존중. 센스라는 건 이런 것이라고 생각한다. 만약 내가 그분에 대해서 하나도 모르는 상태로 갔었다면 어제처럼 서로를 존중하고 상대가 기분 좋아했었을까?

작은 차이가 명품을 만든다.

센스를 만드는 연습을 해보자.

항상 상대를 관찰하고 메모하고 기억해주자.

그리고 그것을 자유롭게 표현할 수 있는 우리가 될 때

우리 모두가 명품이 되고 꿈을 이루게 될 것이다.

07

성공하고 싶다면 냄새나는 지독한 욕망이 아닌 걸맞은 노력과 실력을 갖춰라

저번에도 말했지만, 나는 현대 사회에서 가난을 지옥이라고 생각한다. 그리고 나는 너무나 다행히도 그곳에서 겨우 빠져나올 수 있었다. 과거의 나처럼 지금 고통 속에서 살고 있는 사람들이 조금 더 빨리 그 고통에서 벗어나길 진심으로 바란다. 하지만 그것이 쉬운 일이 아니라는 것은 우리 모두가 알고 있다. 그곳에서 벗어나기 위해서는 꼭 갖추어야 할 필수 조건이 있다.

우리 회사는 계속해서 성장 중이다. 그래서 연봉을 동결할 사람은 동결하고 올릴 사람은 올려줘야 한다는 생각이 들어, 오늘은 연봉 협상을 했다. 한 직원이 내게 연봉을 20% 올려달라고 말했다. 그래서 나는 말했다.

"○○씨가 연봉이 올라야 하는 이유를 말해주시겠어요."

"제가 그 동안 못 한 건 없다고 생각합니다. 제가 못 한 게 있나요?"

그 직원은 그렇게 대답했고, 나는 다시 물었다.

"연봉은 못 한 게 없는 사람이 아니라 일을 잘하는 사람이 높게 받아야 하는 거 아닌가요?"

애초에 나는 그 직원의 연봉을 올려줄 생각이 없었다. 오히려 마음에 안 들어서 퇴사를 했으면 하는 직원이었다. 그런 직원이 연봉을 올려달라고 하니 상당히 당황스러웠다. 그래서 나는 그 친구에게 퇴사를 권유했다.

누군가는 나보고 악덕 사장이다, 어쩐다 하겠지만, 나는 그렇게 살았고 이게 내가 성장할 수 있었던 이유라고 생각한다. 내가 이만큼 노력했지, 나는 잘했지, 그게 중요한 것이 아니라 그것을 판단하는 주체의 생각이 중요하다는 것을 모두 알 것이다. 이 치열한 약육강식의 경쟁 사회에서 '내가 얼마나 열심히 했는데!'라는 것은 아무 의미 없는 말이다. 얼마나 노력했는가가 아니라 얼마나 잘했는지만 중요할 뿐이다.

내가 보는 그 직원의 하루는 이랬다. 아침에 5분 정도는 꼭 아슬아슬하게 늦는다. 그리고 회사 원칙대로 오늘 스케줄을 수첩에 적어 공유한다. 본인이 오늘 할 일 적는데 10분도 채 안

걸린다. 그리고 하루에도 수십 번씩 주식 창을 몰래몰래 들여다본다. 그러다 인터넷 기사도 한번 쓱 훑어본다. 그리고 점심 메뉴에 대해서 한 30분 넘게 토론한다. 오늘 뭘 할지에 대해서는 10분도 생각하지 않지만 점심메뉴는 토론 수준이다. 그리고 점심을 먹고 와서 적당히 일하고 상사가 일을 시키면 한숨을 한 번씩 푹푹 내쉬어 준다. 도대체 근무 시간에 쇼핑은 얼마나 해대는지 택배는 끊임없이 온다. 그렇게 시간에 맞춰 일하다 퇴근한다. 내가 그 직원을 회사에 남겨놓는 이유는 딱 '그냥'이었다. 그냥 한 번 입사해서 자를 수가 없었기 때문이다. 크게 잘못이라도 해야 해고를 하는데 그것도 아니고 그냥 어쩔 수 없이 한 번 식구가 되었으니 받아주고 있는 것뿐이었다. 월급을 삭감하거나 잘라버리고 싶은 생각이 한 달에 몇 번씩은 들었지만, 단 한 번도 이 직원의 월급을 올려줘야겠다고 생각한 적은 없었다. 그런데 연봉을 20% 올려달라니. 정말 황당하기 그지없었다. 그 직원은 아마도 자기가 굉장히 일을 잘하고 있다고 생각했던 것 같다. 그러니까 회사가 성장하고 있고 자신의 연봉도 올라야 한다고 말이다. 그리고 연차가 지날수록 연봉은 당연히 올라야 한다는, 공무원이나 대기업을 다니고 있는 사원들의 마인드도 갖고 있을 테고. 그 직원과 나는 사업주와 근로자의 입장 차이로 서로의 입장 차이가 너무나 큰 위치에 있다. 사업주와 근로자의 생각이 다르다는 걸 인정하지만, 정말이지 이 직원 뇌에는 뭐가 들었는지 궁금하다. 그런 회사 가고 싶었으면 공부 열심히 하고 좋은 대학 나와서 대기업을 가든지 아니면 공무원이 되든지. 변변찮은 학교 나오고 능력도 안 되어서 소기업 와놓고는 처우는 대기업 처우를 바란다. 어이가 없다.

내가 예전에 영업 조직을 키울 때 우리 직원들의 일상이랑 별반 다르지 않다. 오늘 할 일 보다는 점심메뉴가 중요하고 특별히 한 건 없는데 열심히 산다고 생각한다. 남들 하는 시간에 다 똑같이 해놓고 본인은 노력하는데 왜 안 되냐고 푸념하고 괴로워한다. 내 좌우명이다. '병신은 자기가 병신인지 모른다.' 내 말이 세다고 생각지 마라. 언제까지 혼자서 정신승리만 하면서 살 것인가 현실을 파악해야 답도 나올 것 아닌가. 내가 우리 제자들한테 하는 얘기가 있다. 성공하기 위해서 뭘 하고 있는지 나한테 말해보라고, 그리고 본인이 왜 성공해야 되는지 나를 설득해보라고 말한다. 도대체 남들과 무엇을 다르게 하고 있는지를 묻는다.

지금 당신도 한번 생각해보길 바란다. 신이 당신에게 이렇게 묻는다면 뭐라고 할 수 있을지를.

"그냥 성공하고 싶습니다. 저는 열심히 살고 있습니다."

이렇게 말할 것인가? 남들도 다 그 정도는 하고 내가 하는 노력 정도는 똑같이 하고 살지 않을까? 내가 열심히 일하는 시간에 남들 모두가 도박하고 술 먹고 그렇게 방탕하게 살지 않는다는 것을 모두가 알면서도 똑같이 해서 더 많이 가지려고 하니, 목표가 이루어지면 이상한 것이다.

성공하고 싶다면 냄새나는 지독한 욕망이 아닌 그에 걸맞는 노력과 실력을 갖춰라. 내 인스타그램에 써놓은 글이다. 사람들 보면 욕망만 있고 노력도 실력도 없다. 도대체 원하는 것을 얻기 위해서 무엇을 한 걸까. 남들 일하는 시간에 같이 열심히 일한 것, 유튜브에서 주작 영상 보면서 웃고 떠든 것, 남들은 목숨 걸고 모든 걸 올인 하는데 안정적인 생활을 바라면서 또 부자는 되고 싶어하는, 말도 안 되는 꿈을 꾸고 있는 것, 남들의 성공은 운이고 사기라고 손가락질 한 것, 키보드 워리어가 되어 남들의 추락을 바라며 그 모습을 보고 좋아하고 있는 것?

나는 지금 나의 성공을 위해서 뭘 안 했는지 보다는 무엇을 하고 있는가, 그리고 그 다음에는 또 무엇을 더 해야 하는가를 한번 깊게 생각해 보길 바란다.

제발 부탁이다. 성공하고 싶다면 노력과 실력을 갖춰라.

욕망의 노예가 아닌 혼신의 힘을 다할 때

당신의 꿈은 이루어 질 테니까.

5장

0과 1의 차이

WHY 돈을 벌고 싶고 부자가 되고 싶으면 행동하는 것이 제1과제다. 하지만 평범한 사람들은 그것을 하지 못한다.

HOW '남들이 했다면 나도 할 수 있다.' 학습된 무기력에서 벗어나라. 처음부터 잘하는 사람은 없다. 그렇기 때문에 한 단계씩 위로 또 위로 올라가는 것이다. 그럼에도 못하겠으면 롤모델 하나 딱 찍고 그 사람을 쫓아가라.

01

내가 했다면 당신도 할 수 있다

대한민국에서 남자로 태어나 신의 수저가 아니라면 어김없이 가야 하는 곳이 있다. 바로 군대이다. 그래서 군대 가기 전에 남자들은 참 행사도 많이 하고 뭐 울기도 하고 많은 것을 한다. 그런데 나는 그냥 편안하게 입대했다. 군대 간다는 것도 가기 며칠 전에 어머니에게 얘기했다. 그냥 별 생각 없이 갔다. 그냥 내 생각은 이랬다. '지금까지 수십 년 동안 대한민국 남자들 다 갔다 왔다. 뭐 사고 나고 해봐야 그게 몇 프로나 되었을까? 0.1%는 될까? 남들 다 가서 하고 오는 거 나는 훨씬 더 잘할 수 있다. 별거 없겠구나.' 그런 생각으로 아주 편안하게 군대를 갔다. 하지만 그렇게 편한 마음으로 갔어도 막상 겪어보니 너무 힘들었다. 관심병사도 되고 날카로운 인상과 툭툭대는 말투 탓에 선임들로부터 갈굼도 원 없이 먹었다. 죽고 싶을 만큼 짜증이 날 때도 많았다.

하지만 나만 그런 것이 아니었다. 다 힘들었다. 군대에서 안 힘든 사람은 없다. 단 한 명도 군대가 재미있거나 안 힘들었던 사람은 없을 것이다. 다 힘든데 내 상황만 무슨 삼류 영화의 주인공 마냥 세상 온갖 슬픔과 아픔을 다 짊어지고 사는 사람처럼 궁상떨고 오버하지 않았다. 이게 어떻게 보면 내 최고의 장점 중 하나이기도 하다. 예전에 친구와 이야기를 하다가 나는 어떻게 불과 몇 년 만에 신용불량자, 노숙자, 폐인에서 대한민국 상위 0.1%의 공간이라는 시그니엘까지 올 수 있었는지를 한 번 이야기해봤다. 그 중 하나가 바로 이것이었다.

'남들이 했다면 나도 할 수 있다.'

누군가 해냈다면 나도 할 수 있는 거다. 롤모델 하나 딱 찍고 그 사람을 쫓아갔다. 그렇게 한 명씩 쫓다 보니까 여기까지 왔다. 그리고 그 과정에서 절대 혼자서 오버하지 않았다. '왜 이렇게 나만 되는 일이 없지, 너무 힘들다.' 이런 생각을 잘 안 했다. 오히려 이렇게 생각했다. '그 사람도 이만큼은 힘들었겠지,

다들 이만큼은 힘들었겠지, 세상에 쉬운 일이 어딨어, 쉬웠으면 세상 사람들 다 부자 됐지.'

내 삶을 굉장히 담담하게 받아들였을 뿐, 뭔가 엄청 특별하다고 생각하지 않았다. 그러니까 뭘 하더라도 잘 포기를 안 하게 됐다. 내가 힘들면 남들도 힘든 거니까. 그럼 좀만 더 하면 되는 거 아닐까. 내가 포기하고 싶을 때쯤 다른 사람들도 포기하겠구나. 그럼 난 좀 더하면 이길 수 있지 않을까. 이렇게 내가 찍은 롤모델들을 대부분 쫓아서 이겨왔고 또 지금 또 쫓고 쫓다 보니 예전에는 어딨는지도 모르는 거대한 벽처럼 느껴졌던 사람들의 발뒤꿈치까지는 오게 되더라.

예전에 내가 주식 공부하면서 저 사람이 대한민국 일등이구나 생각한 사람이 있었다. 그래서 저 사람처럼 돼야지 했던 사람이 있었다. 예전에는 저 하늘의 달보다 멀게 느껴졌던 사람이 이제는 연락을 하고 둘이서 밥 한 끼 먹을 수 있는 사이가 되었다. 그 사람처럼 되진 못했지만, 또 그 사람의 재력을 따라가진 못했지만, 이제는 그림자는 밟을 수 있는 수준이 된 것이다. 정말 기적 같은 일이 벌어진 것이다. 물론 실패한 적도 많다. 하지만 포기하지 않고 계속해서 도전하고 내 롤모델들의 뒷모습이 보일수록 나는 계속 더 커졌다. 10번의 실패와 2~3번의 성공이 나를 계속 더 성장하게 만들어주더라.

모든 일이 그런 식이었다. 휴대폰을 팔 때 상위권이 700만 원 정도 번다는 말을 믿고 들어갔다. 그리고 이렇게 생각했다. '그럼 나는 천만 원 벌 수 있겠다.' 뭐 눈, 코, 입, 귀, 팔다리 서로 다 똑같고 머리 달려 있는데 내가 남들보다 못할 것이 뭐가 있겠는가. 비록 가진 것 없고 특기도 없었다. 학력도 짧고 엄청 매력적인 사람도 아니었다. 하지만 대한민국 그 어떤 사람보다 열심히 노력할 수 있고 느리더라도 하나씩 배우면서 계속 성장할 자신이 있었다. 내가 최선을 다하고 그것을 넘어 혼신의 힘을 다한다면 평범한 사람들에게 질 것이라고 절대 생각하지 않았다. 진다는 표현보다는 어떤 곳에 가더라도 최고는 못되더라도 최상위는 될 수 있다는 믿음이 있었다.

나에게는 수많은 단점이 있다. 하지만 그것을 이겨낼 수 있는 확신과 노력이 있기에 나는 늘 자신 있다. 그리고 그 믿음과 자신감 하나로 지금까지도 달려왔다. 그게 내가 가진 최고의 장점이자 나의 원동력이다.

나는 지금 경영컨설팅이라는, 나의 업을 가르치는 교육을 하고 있다. 강의를 파는 사람이다. 그런데 이 교육이라는 것이 나를 더욱 성장시켜준 인생 최고의 터닝포인트라 믿어 의심치 않는다. 한 해에 몇백 명의 수강생을 가르친다. 그 사람들은 강의과정의 마지막에 나와서 한 명씩 자기의 사연을 이야기한다. 나는 이미 그들의 사연을 대부분 알고 있다. 그들 중 사연 없는 사람은 없다. 신용불량자, 갑작스러운 암, 부모님의 상, 교통사고, 사기, 폭력에 시달리는 사람, 애인의 죽음, 평생 혼자서 돈을 벌었는데 배우자가 전 재산을 빼돌리고 이혼, 등등. 뭐 별별 사연이 다 있다. 세상에 사연 없는 사람이 어디 있겠는가. 그런데 어떤 사람은 자신의 사연을 밟고 그 위에 올라선다. 더 성장하는 모습으로 그 사연을 하나의 에피소드로 만들어 버린다. 하지만 어떤 사람들은 본인 사연 속 비련의 주인공이 되어 그 속에 묻혀버린다. 스토리에 묻혀서 헤어 나오지 못한다. '나는 지금 너무 힘들어서 안 돼, 왜 나에게만 이런 일이 벌어질까?' 하며 그대로 묻혀버린다.

"대표님, 왜 시키는 대로 안 해요? 왜 아무것도 안 하는 거예요?"

"대장님, 저 사실은 제가 이러이러 해서 너무 힘들어요, 멘탈이 나갔어요, 어떻게 해야 하나요?"

이런 식의 정해진 레퍼토리가 나온다. 실패하는 사람들이 말하기에 가장 좋은 레퍼토리, 지금 안 되는 이유, 내가 못하는 이유, 내가 하면 안 되는 이유를 찾고 그렇게 그 이유 속에 모든 것을 묻어 버린다.

그때마다 내가 해 줄 수 있는 답은 하나다.

"대표님, 그 마음은 알겠지만 사연 없는 사람 없습니다. 대표님은 지금 안 되는 이유가 생긴 것이고 그걸 찾으셨어요. 이유를 찾았으니 해결책을 만들든지 아니면 그 이유에 묻혀버리든지 선택은 대표님이 하시는 겁니다."

삼류 영화의 주인공이 돼서 세상 아픔 혼자 다 지고 눈물겹게 살든지, 아니면 영화 〈행복을 찾아서〉의 주인공 크리스 가드너처럼 이겨내고 멋진 해피스토리의 영화를 만들든지. 선택은 당신밖에 할 수 없는 것이고 당신의 미래 역시 점쟁이가 맞출 수 있는 것이 아니라 오로지 당신만이 알 수 있고 만들어가는 것이다.

결정해라. 전자를 택할지 후자를 택할지.

02

정신 승리의 주범을 잡아라

최근에 한 외국계 스님께서 우리나라 실시간 검색어를 며칠 동안이나 독식하셨고 유튜브에서는 그분의 이야기가 아주 큰 화제가 되었다. '멈추면 비로소 보인다'고 하셨고 무소유라고 하셨지만, 삼청동의 3층짜리 단독주택과 절이 아닌 스타트업 회사로 출근해서 일하는 모습을 예능 프로그램에서 아주 가감 없이 보여주셨고 그로 인해서 대중들에게 엄청난 반감을 사게 되었다. 그리고 결국 활동을 중단하게 되었다. 뭐 그분에 대한 논란은 많지만, 사람이 살면서 어떻게 논란이 없고 털어서 먼지 안 나는 사람이 또 얼마나 많겠는가. 사실 그걸 바라는 대다수의 마음이 잘못된 것이고 더 솔직히는 나보다 잘나가던 사람이 추락하는 모습, 하향평준화 되는 모습이 즐거운 것이 더 맞는 말이라고 생각한다. 그래서 나 역시 항상 더 조심하려고 하고 남들의 추락을 즐기려고 하지 않는 편이다. 언제든 나 역시 누군가에게 물어 뜯겨 추락 할 수도 있으니 말이다. 그런데 이번 스님의 경우에는 논란이 시작되자마자 나도 유튜브 채널은 아니지만 개인 인스타그램 계정에는 그 분에 대한 안 좋은 이야기를 적었다. 제목은 '내가 이 인간은 한번은 욕먹을 줄 알았다.'였다. 내가 그 스님보다 유명세가 있길 할까? 아니면 팬층이 있을까? 상대도 안 된다. 그분에 비하면 나는 먼지 같은 존재일 테니 말이다. 그래도 욕먹을 것 감수하고 글을 썼다.

내가 영상에서도 몇 번 이야기 한 적 있지만 내가 제일 싫어하는 부류의 강사진, 명사들이 '괜찮아. 네 탓이 아니야, 힘들면 조금 쉬어도 돼, 넌 사랑받기 위해 태어난 사람이니까.'이런 말 하는 사람들이다. 정말 싫다. 누구나 받아들이는 형태가 다르고 위로의 모습이 다르다. 그래서인지 나랑은 너무 안 맞는다. 정말 너무나 깜짝 놀랄만한 얘기다. 모두 괜찮대. 네 탓이 아니래. 그럼 누구 탓인지 얘기 좀 해주길 바란다. 세상 탓이 아니면 부모 탓인지 그것도 아니면 지인 탓인지. 난 이런 발상이 더 신기하다. 내 인생 힘든 게 내 탓이지. 이걸 내 탓이 아니라고 하면 도대체 어떻게 하라는 것일까. 많은 사람이 힘들어서 지쳐 있을 때 이런 말은 정말 달콤하게 들린다. 그리고 사람들은 그렇게 믿기 시작한다. 악순환의 시작이다. 그리고 그 위로를 통해서 이 사람들은 더 많은 돈을 번다. 사람들이 힘들고 기대고 싶을수록, 그리고 그 사람들이 듣고 싶은 말을 해줄수록 더, 더, 더 많은 돈을 번다. 다른 사람들을 위로해주고 듣고 싶은 말을 듣게 해주고 멈추게 해서 그걸 무소유라고 포장해주고 본인은 '풀(Full)소유' 한다. 사람들에 대한 모순과 농락이라고 말하고 싶다. 지난 스님의 사태가 딱 그렇다. 언행 불일치, 대중은 무소유, 본인은 풀(Full) 소유.

성공한 사람들의 미화된 동기부여와 경험. 이런 것들이 가뜩이나 힘든 사람들을 더 힘들게 한다고 본다. 본인들은 성공해놓고 남들보고는 편하게 오늘을 즐기면서 살아라, 오늘이 내일을 보장해주지는 않는다, 참 말 쉽게쉽게 한다. 그리고 한 시간 강연에 돈 천 만원 받고 한강 뷰 보이는 고급빌라로 들어간다. 뭐 세상만사 편하니 입에서 그런 소리가 나올 수밖에, 당장 이번 달 카드 값에 빚 독촉 전화에 시달리면 더 보이지 않는 깜깜한 미래, 열심히 할수록 더 나락으로 가는 인생 살아봐라. 어디 그런 얘기가 나오는지. '뭘 살아 봤어야 알지.' 내가 내린 답이다. 기업가로 성공한 사람들에게 물어봐라. '힘들 땐 쉬어도 돼.' 이런 말 하는 사람이 하나라도 있는지 말이다. 우리처럼 평범한 사람들은 진짜 이 악물고 죽기 살기로 해도 될까 말까다. 최선이 아니라 혼신의 힘을 다해야 한다. 내가 가장 나와 성공관이 비슷하다고 생각하는 사람은 전 농구선수이자 연예인인 서장훈 씨다. 그는 말한다.

"즐겨라, 즐기는 자를 못 따라 간다고, 이 말이 가장 싫었어요. 단 하루도 경기를 즐기며 한 적 없어요. 즐겨서는 최고의 결과를 얻을 수 없어요. 농구를 전쟁이라고 생각했거든요."

몸이 부서지는 고통도 참고 20년의 세월동안 오로지 한 길을 달렸다. 그래서 그는 성공을 얻었다. 이게 내가 생각하는 현실이다. 서장훈 씨처럼 아주 좋은 신체조건을 타고 태어났어도 이렇게 이 악물고 사는데. 평범한 일반인이 성공을 꿈꾸면서 하고 싶은 대로 적당히 즐기면서 산다. 뭐 결과는 말하지 않아도 알 것이라고 본다.

몸에 좋은 건 입에 쓰다는 말은 모두가 안다. 나는 이게 진리라고 본다. 나를 편안하게 하는 것들이 나를 파괴할 수 있다고 믿는다. 평범한 사람들에게 달콤한 이야기로 자신이 노력하지 않고 나태하고 배우지 않아 가난하게 살고 있는 것을 남의 탓으로 치부하고 정신승리하게 만드는 사람들을 조심하자. 그들이 원하는 건 당신이 멈출수록 자신들이 달릴 수 있는 원동력과 부를 쌓는 것이다.

경제 불황, 흙수저, 낮은 임금, 낮은 금리, 더욱 더 치열해지는 경쟁, 정보의 불균형, 자본의 불균형, 재능의 불균형, 모든 것이 불평등하다. 그런데 적당히, 워라벨 하면서 성공을 꿈꾼다는 건 말이 되지 않는다.

'나는 최선을 다했어.' 나 혼자만의 정신 승리가 아닌 남들의 눈에도 그리고 나 자신에게도 혼신의 힘을 다했다고 당당하게 말할 수 있을 만큼 후회 없이 노력하자.

불광불급(不狂不及).
미쳐야 미칠 수 있다는 말을 절대 잊지 않길 바란다.
예전의 나처럼 가진 것도 할 줄 아는 것도 없는 사람은 말이다.

샤넬을 가장 싸고 편하게 사는 방법

비슷한 시기에 보험영업을 시작한 세 명의 여자가 있었다. 우리 돈 모아서 샤넬 백 하나 사자면서 월 30만 원짜리 3년 만기의 저축 상품에 가입했다. 그리고 만기가 되었을 때는 코로나로 대한민국 사람들 모두가 힘든 그런 시기였다. 코로나 때는 모두가 최악의 시간이었지만 그 중에서도 영업인들과 자영업자들에게는 세상 이보다 더 지옥은 없었을 것이다. 이들 역시 고객과 미팅이 없으니 수익은 줄고 할 일은 없어지고 상황은 점점 최악으로 치닫게 되었다.

적금이 만기가 되어서 찾았을 때의 선택은 모두가 달랐

다. 한 명은 처음 목적 그대로 샤넬 백을 하나 구입했다. 그리고 또 한 명은 자신의 운과 팔자를 바꾸겠다며 천만 원짜리 굿을 했다. 그리고 마지막 한 명은 그 천만 원을 모두 교육비로 지불했고 배움에 투자했다.

6개월 뒤 이들 세 명의 인생은 어떻게 갈렸을까? 3명 중 유일하게 단 한 명만 살아남았다. 아니 살아남았다는 표현보다는, 그녀는 위기를 기회로 만들어냈고 인생을 바꿀 수 있었다. 코로나는 더 심해지고 장기화되었지만 소득이 줄어든 것이 아니라 오히려 늘어났다. 하지만 굿을 했던 사람은 회사를 떠났고 샤넬 백을 샀던 사람은 그것을 다시 중고로 팔 수밖에 없었다. 그리고 나름대로 손해 보지 않고 재테크를 했다며 정신승리를 하고 있다.

남자들은 차 사려고 적금 붓고 대출 받고 여자들은 샤넬 백을 사려고 적금을 드는 사람들이 생각보다 꽤 많다고 한다. 여행 적금을 붓는 사람들도 많고 말이다. 내가 하는 이야기는 모든 사람들에게 적용될 수 있는 이야기는 아니다. 하지만 본인이 기본기를 갖추고 있고 지금처럼 궁상맞게 살기 싫다면, 돈 모아서 명품 백, 풀 할부 외제 차 살 생각하지 말고 그 돈으로 본인의 뇌에 투자해라. 본인의 가치에 투자하라는 말이다. 머리는 쓰라고 있는 거지 장식으로 있는 게 아니지 않은가. 왜 맨날 머리는 안 쓰고 쉽고 편하게 몸으로 때워서 돈을 벌려고 하는가. 내 몸이 가루가 될 때까지 서빙해도 부자가 될 순 없다는 진리. 단순 노동으로는 부자가 될 수 없다는 진리와 부자는 머리와 몸이 함께 움직여야 가능하다는 것을 모르는 사람이 있을까 싶다.

결국 사람의 운명을 결정짓는 건 내 머리가 어떻게 생각하고 움직이게 하느냐는 것을 모두가 알 것이라고 본다. 내 자신, 내 가치, 내 지식에 투자해야 한다. 그래야 지금의 이 궁상맞은 삶에서 벗어날 수 있다. 나는 가방끈이 짧아서 배운 게 크게 없다. 그리고 무작정 돈을 쫓으며 살았다. 그러다 결국에는 신용불량자에 알코올 중독자, 폐인으로 나락으로 떨어졌다. 거기에서 벗어나기 위해서 정말 많은 노력을 했다. 내가 지금까지 교육료, 수업료로 지불한 것만 최소한 5천은 될 것이다. 게다가 무턱대고 시작하는 바람에 날린 수업료를 생각하면 몇억 단위가 된다. 덕분에 나는 몇 년 후 그 수업료 투자대비 몇십, 몇백 배의 효과를 거두었다. 말이 몇십, 몇백 배지, 대한민국, 아니 전세계 사람 중에 나처럼 인생이 다이나믹하게 바뀔 수 있는 확률이 몇 프로나 될까.

금액으로 따질 수 없는 어마어마한 성과를 거둔 셈이다. 아직도 잊히지 않는 사례가 있다. 매번 돈이 생기는 대로 '세바

시'라는 교육현장에 가고 작가들 강연에 가고, 이런저런 교육들을 부지런히 쫓아다니다가, 이제는 경영컨설팅 300만 원짜리 교육을 듣고 싶어졌다. 와이프한테 이야기했더니 그녀는 대뜸 짜증 섞인 어조로 "오빠 돈 많다. 그 돈 있음 우리 보증금 더 보태서 좀 더 넓은 집으로 이사 가자."라고 했다. 그때 집 보증금이 500/40이었고 차는 전액 할부 소나타였다. 와이프 입장에서는 이 인간 또 헛바람 들어서 어디 가서 사기 맞고 왔구나 싶었을 것이다. 하지만 나는 내 의지를 굽히지 않았다. 결국에는 있는 돈 없는 돈, 와이프 카드 돌려막기로 수업을 들었다. 그 수업이 엄청 좋은 수업이었다고는 생각지 않는다. 하지만 그건 내게 신세계를 보여주었고 넓은 세상, 정말 열정적으로 사는 사람들을 보여주었다. 그 교육비 투자대비 수십, 수백 배의 효과를 거두었다고 자부한다. 그 후로 듣고 싶은 교육들을 듣고 명사들도 부지런히 쫓아다녔다. 마케팅 교육, 재테크, 부동산, 영업, 브랜딩 등등. 그 안에서 사기도 당해봤고 너무나 값진 인생의 가르침, 평생 써먹을 수 있는 기술도 배웠다. 그렇게 수많은 수업료를 지불하다가 보니 어느 순간 여기가 내가 있는 곳이 맞나 싶을 정도의 삶을 살고 있다.

명품에 대해서는 경계하면서 살자는 입장이다. 명품 좋아하다가는 아무리 돈을 벌어도 쪽박 찰 수 있으니 말이다. 그런데 며칠 전에는 와이프에게 지갑을 사주기 위해서 샤넬 매장을 방문하게 되었다. 그런데 지갑은 뒷전이고 갑자기 백 몇 개를 놓고 계속 멨다, 놨다 하고 있는 거다.

"어떤 게 나아? 뭐가 이뻐?"

내 눈에는 다 똑같아 보이고 피곤해 죽겠는데 나갈 생각을 안 한다. 그래서 도대체 똑같이 생겼는데 뭘 가지고 고민 하는지 알 수 없었다.

"그냥 다 사."

그래서 어이없이 가방 두 개랑 지갑 한 개를 사서 매장을 나왔다. 백화점 가서 차 한 대 끌고 나온 셈이다. 내 입장에서는 말도 안 되는 가격이고 어이없는 일이지만, 그냥 와이프가 좋아하고 또 피곤해 죽겠는데 빨리 집에 가고 싶은 마음에 다 사줬다. 그거 몇 개 샀다고 내 통장에 큰 타격감이 있진 않으니까. 그리고 무엇보다 와이프가 그 가방들을 신줏단지 모시듯 하는 그 모습을 보니 나도 기분이 좋고 너무 행복했다. 샤넬 백을 산다고 적금 든다고 하더라. 그럼 지금처럼 백 하나 사려고 몇 년을 적금을 붓는 그런 인생을 살아야 한다. 내가 원할 때, 언제든지 갖고 싶은 것을 갖고 또 먹고 그렇게 경제적으로 제약 없이 살고 싶다면 방법은 하나다. 조금 시간이 걸리더라도 하고 싶은 것들 갖고 싶은 것들을 아껴서 자기 자신한테 투자하는 것. 그 투자란 여행 가고 맛있는 음식 먹고 힐링하는, 그런 게 절대 아니다. 머리에 투자해라. 더 이상 몸으로 때워서 부자 되는 세상은 없다. 한 번에 인생을 극단적으로 변화시킬 수는 없다. 계속해서 꾸준히 자신에게 투자해야 한다. 그래야 인생이 극단적으로 바뀐다.

잊지 마라. 당신의 지식과 가치는

절대로 당신을 배신하지 않는다는 것을.

04

그냥 하자
그냥 좀

며칠 전에 천안에서 친구 부부가 집에 놀러왔다. 같이 술 한 잔 먹는데 친구가 그러더라.

"너는 진짜 인간 승리다. ××, 진짜 대단하다."

"그럼, 그럼 너는 알지!"

그 친구는 중학교 시절부터 나와 함께해온, 내 인생 절반이 넘는 시간의 동반자이다. 우리집이 망해서 거리를 떠돌 때 제법 잘사는 그 친구 집에서 매번 끼니를 때웠다. 그 친구가 간간이 지원해 주는 돈으로 겨우겨우 피시방이나 새벽 4시에 사우나의 첫 손님으로 들어가 잠을 청하거나 씻을 수 있었다. 그리고 성인이 되어서는 그 친구와 함께 동업도 했다. 그리고 다시 내가 폐인으로 전락하는 모습도 그 친구가 누구보다도 옆에서 지켜봤다. 예전에 사채랑 대부업 쓸 때 비상연락망이라고 해서 주변 사람들의 전화번호를 5명 내지 10명을 적어줘야 하는 시절이 있었다. 그때 그 친구 번호를 적는 바람에 친구에게도 여러 차례 독촉 전화가 갔으니 누구보다 내 사정을 잘 아는 친구였다. 불과 몇 년 전에 있었던 일이지만, 지금 좋은 집에서 좋은 술을 함께 마시며 즐거운 이야기만을 한다.

내 친구들에게 있어서 나는 세상 그 누구보다 인간역전, 한국판 〈행복을 찾아서〉의 주인공이다. 항상 친구들이 신기해한다. 그 지옥 같은 곳에서 어떻게 가장 높은 곳까지 올 수 있었는지 말이다. 그리고 이야기한다.

"규호야, 어떻게 하면 너처럼 벌 수 있냐?"

"그냥 열심히 해!"

안타깝게도 이게 맨날 내가 해 주는 말이다. 우리 중학교 때 친했던 꼴통 친구들 중에서 부모님이 재력이 있는 케이스를 빼면 돈 버는 것으로는 내가 일등이다. 그런데 또 완벽한 일등이라고는 할 수 없다. 나랑 1, 2등을 왔다 갔다 하는 친구가 하나 있다. 아주 살벌한 놈이다. 고등학교 졸업을 검정고시로 쳐서 해서 19살 때 군대를 갔다. 이때부터 남달랐던 것 같다. 회사

생활하면서 주식으로 많은 돈을 벌었다. 그런데 얘가 진짜 무서운 건 자기가 돈을 번다는 걸 철저하게 비밀로 했다는 것이다. 나는 막 돈을 벌고 가난에서 벗어났을 때 뽐내고 싶어서 안달이 났었다. 누구라도 그랬을 것이다. 돈이 생기면 일상이 변해서 자체적으로 흘러나오는 것도 있지만 자랑하고 싶은 것도 사실이다. 어떻게 내가 열심히 해서 벌었는데 스스로 자랑스럽지 않을 수 있겠는가. 이것이 인간의 본성이라고 생각한다. 근데 이 녀석은 한 수 위였다. 회사 나갈 때는 국산 차를 타고 가고 주말에는 벤츠랑 포르쉐를 번갈아 가며 탄다. 세종시에 본인 명의의 집이 있으면서도 회사에서는 얘가 전세나 월세로 살고 있다고 생각한다. 이번 집값 폭등 때는 동료들이 집주인의 전세 값 인상에 대한 걱정을 했을 정도다. 친구들 중에서도 절친들 빼고는 절대 돈 얘기를 하지 않는다. 그래서 나보고 부럽다고 한다. 나는 거침없이 나를 드러내니까.

이 친구랑 나랑 몇몇 절친들이 함께하는 단톡방이 있다. 거기서 이 종목이 좋고 요새는 뭘 사야 하고 부동산이 어떻고 돈 되는 이야기를 많이 한다. 그런데 이 친구와 나 둘뿐이다. 나도 주식으로는 일 년에 그래도 웬만한 직장인 연봉이상은 평균적으로 버는 것 같다. 그리고 나도 주식을 이 친구를 보고 따라하며 배웠다. 지금도 배우고 있고 말이다. 그런데 다른 친구들은 전혀 배우고 행동하지 않는다. 주변에서 이정도로 벌고 있으면 배 아파서라도 하고 열 받아서 라도 할 텐데 안한다.

처음에는 사업 아이템부터 시작해서 재테크까지 많이 권했다. 화를 내보기도 하고 권유도 해보고 해봤지만 소용없었다. 요지부동이다.

"야! 너는 우리가 이렇게 버는데 그걸 옆에서 보면서 아무 생각 없냐?"

"야! 나도 관심은 있어!"

관심은 있단다. 지금까지도 몇 년째 관심만 있다. 이 정도 관심이면 통달하고도 남았겠다. 관심을 갖는 게 전부가 아니다. 주식을 하고 싶으면 책을 먼저 읽는 게 아니라 계좌를 만들고 주식을 사는 것부터 시작해야 한다는 것이 내 지론이다. 수업료 내면서 배우는 거다. 부동산을 사고 싶으면 부동산에 가서 시세를 알아보는 것부터 시작이다. 집에서 관심을 갖고 인터넷을 뒤지는 것이 아니라.

돈을 벌고 싶고 부자가 되고 싶으면 행동하는 것이 제1과제다. 하지만 평범한 사람들은 그것을 하지 못한다. 사업 아이템 찾는 사람들은 맨날 세상을 바꿀 기적 같은 아이템을 찾는다. 한 명이라도 경쟁자가 있으면 들어가지 않는다. 경쟁자가 있어서 안 된다고 한다. 그런데 또 식당이나 피시방처럼 익숙

한 것들은 경쟁자가 미친 듯이 있어도 또 들어간다. 500m도 채 안 되는 간격으로 똑같은 브랜드들을 내는 사람들 보면 정말 한번 물어보고 싶다. 무슨 생각으로 이렇게 하는 건지. 카스텔라. 쪽갈비. 막걸리. 피씨방. 정말 너무너무 궁금하다. 그냥 내 표현대로 재수 없게 얘기 하면 진짜 뇌가 있는지 궁금하다. 정상적인 사고방식을 가졌다면 그렇게 못할 텐데, 그런데 그렇게 한다. 욕망에 지배당했나 보다. 그런 말도 안 되는 레드오션에 들어가면서 훨씬 더 경쟁자가 적고 큰 시장이지만 하기 어렵다는 이유만으로 포기한다. '모르는 분야라서, 잘 몰라서.'라는 이유로 행동 안 한다. 세상에 처음부터 아는 사람이 어딨겠는가. 배우면서 알아가는 거지. 답답할 따름이다.

지인들 뒤통수 쳐서 부자가 된 사기꾼이 아니라면 부자들은 함께 부자가 되고 싶어 한다고 본다. 적어도 나도 그렇고 내가 지금까지 본 부자들은 대부분이 그랬다. 다른 사람들을 응원한다. 같이 부자가 돼야 같이 놀고 쓰고 어울린다. 친한 친구들에게 어디 놀러가자고 해도 친구들이 부담스러워 할까봐 같이 가자고 못한다. 그렇다고 내 돈으로 내주고 공짜 여행을 시켜주고 싶지도 않다. 이게 현실이다. 그래서 주변에 맘도 맞고 경제력도 비슷한 부자들이 많았으면 좋겠다.

세상에 행동하는 사람은 1%가 채 안된다고 본다. 예전에 내가 나의 앱 '그영비' 관련 영상을 찍은 적이 있다. 고객 관리 프로그램으로 어떻게 고객 관리하냐는 시청자들의 궁금증이 너무 많아 오픈한 것이었다. 참고로 내려받지 않길 바란다. 허접하다. 욕 많이 먹었다. 내 스타일에 맞춰서 만든 어플이다 보니 대중적이지 않았나보다. 나에게는 최고의 시스템이었는데 말이다. 그 어플과 고객관리 방법에 대한 영상이 첫날 조회수가 1만이 넘었다. 그런데 어플 다운 횟수가 100건이 채 되지 않았다. 내 상식에서는 놀라운 일이었다.

오만 오천 원이라는 가격 때문이었을까? 채 1%도 내려받지 않은 것이다. 나였다면 그 돈 내고 바로 내려받았을 것이다. 어플이야 내려받고 48시간 이내에는 환불이 되니까 써보고 이상하면 환불하면 된다. 그리고 환불이 안 된다고 해도 오만 오천 원에 다른 사람들이 어떻게 고객관리를 했는지 알 수 있다면 나였다면 바로 했을 것이다. 그거 투자해서 계약 한 건이라도 더 하면 무조건 남는 장사 아닌가! 그런데 채 1%도 되지 않는 사람들만 내려받았다. 나는 이런 사례들을 경험해서인지, 실제로 뭔가 행동으로 옮기는 사람은 1%가 되지 않는다고 생각한다.

당신은 1%의 사람이 될 것인가?

99%의 사람이 될 것인가?

선택은 당신의 몫이다.

지금의 현실을 이겨내고 싶다면 해라. 그냥 해라.

그냥 제발 좀 해라. 그냥 하다보면 답이 나온다.

당신이 자본주의의 포식자가 될지

아니면 먹이가 될지 결정하라.

05

무능의 이유

속에서 천불이 난다. 나와 가장 친한 친구가 있다. 현재 모아 놓은 돈도 없고 뚜렷한 직업도 없다. 빚만 가득하고 하루하루 목숨만 부지하며 살아간다. 그 친구도 부자를 꿈꾼다. 그러나 부자가 되기 위한 조건을 아무것도 갖추지 않고 있다. 그냥 희망사항만 품으며 정신승리하는 것 같다. 우리 나이가 서른여섯 살이다. 많은 나이도 아니지만 적은 나이도 아니다. 하루하루 치열하게 살아도 모자란 판국에 사업계획 세운다면서 홀어머니 집에 얹혀살고 있다. 우리 회사 나와서 마케팅 업무라도 하면서 배우고 움직이라고 했다. 대답은 뻔하다.

"내가 거기 가서 할 수 있는 게 뭐가 있어! 너한테 민폐지! 생각해볼게!"

그렇게 그 친구는 또 주어진 시간을 숨 쉬는데 사용한다. 그 시간들이 지금 그 친구에게 잔인하게 복수하고 있으며 앞으로도 복수할 거란 것을 전혀 인지하지 못하고 있다.

나는 진심으로 내가 좋아하는 사람들이랑 함께 부자가 되고 싶다. 같이 쓰고 같이 놀고 같이 즐기고 싶다. 그런데 모두 그냥 평범한 월급쟁이이거나 하루하루 힘들게 버티면서 사는 친구들이 대부분이다. 슬픈 현실이다. 얼마 전에 내가 롤모델로 삼았던 우리나라에서 주식으로 다섯 손가락 안에 드는 분을 만났다. 그 분도 완전한 자수성가다. 그러니 나와 상황은 비슷하지만 자산의 규모는 수십 배 차이가 난다. 그분이 이런 말을 하시더라.

"내 친구들도 다 가난해. 처음에는 내가 끌어줘 보려고 했는데 안 돼. 결국 그 사람 자체가 깨어나야 되는데 안 되더라고. 그래서 나는 그냥 포기했고 내가 놀러가고 싶은 데 있음 그냥 내가 다 내주면서 데리고 다녀. 친구들이 돈 벌어서 같이 쓰는 것보다 내가 사는 게 빠르더라."

이 이야기를 들으며 공감했다. 하지만 나는 아직까지 내가 비행기 표 끊어주고 숙소 잡아주면서까지 데리고 다닐 형편은 안 되니 아쉬울 뿐이었다.

그 친구에게 일을 권유했지만 또 거절하는 모습을 보고 화가 났다. '도대체 얘는 왜 이렇게 절박함이 없을까? 나한테 피해 끼칠까 봐 미안해하는 마음은 알겠지만 도대체 누가 누굴 걱정하는 건가! 그런 생각을 할 수 있다는 것 자체가 절실하고 절박하지 않은 거지.' 그런 생각이 들었다.

지금 대출 이자도 못 내고 허덕이면서, 내 걱정하면서 피해 끼칠까 봐 거절하는 건 현실 파악을 못하고 있는 거라고 본다. 집도 가난해. 본인도 가난해. 하루를 쉬었을 때 그 하루에 벌 수 있었을 돈을 따지면, 정말 그 기회비용이 엄청난 것인데도 계속 아무것도 하지 않고 있다. 그렇다고 어디 회사에 취직할 생각도 없다. 어쩌자는 건지 도무지 생각을 모르겠다. 그러다가 나도 예전에 그랬었나를 생각해봤다.

곰곰이 과거를 돌아보니 나 역시 그랬다. 이 정도는 아니었지만 나도 무너져 있을 때는 절박함을 드러내지 못했다. 나를 움직이게 만들어주고 다시 정상인에 반열에 올려준 휴대폰 판매사 일도 친구가 찾아와서 사정하듯이 나를 끌고 간 것이었다. 그게 아니었다면 나도 그 친구처럼 계속 하루하루 유튜브나 보면서 그렇게 살았을 것이다. 왜냐하면 '병신은 자기가 병신인줄 모르기 때문이다.' 나 역시 그 당시 내가 어떻게 살고 있는지 몰랐다. 그냥 사는 대로 살면서 그 환경에 맞춰서 생각하다보니 그렇게 사는 거다. 만약 그 친구가 아니었다면 나는 지금쯤 간암으로 죽었거나 잉여인간으로 살고 있을 것이다.

완전히 무너지기 전에 다시 영업을 해보려고 분양회사를 하는 선배를 찾아갔다. 술 한잔 마시면서 이런저런 이야기를 나누었다. 내가 그 선배를 만난 이유는 딱 하나였다.

"규호야! 너 놀면 뭐하냐? 형네 회사 와서 일해!"

그 형이 이렇게 말 한마디를 해주기를 기대하면서 갔다. 하지만 선배는 내가 원하는 그런 말을 꺼내지 않았다.

"형, 나 형네 회사 가서 영업할까?"

답답한 마음에 내가 먼저 말을 꺼냈지만 돌아오는 대답은 이랬다.

"네 사업해야지, 네가 이거 분양할 수 있겠어?"

대화는 흐지부지 마무리 되었다. 사실상 거절이었다. 그 후로 직장을 구할 생각을 안 했다. 그때 나이가 고작 29살이었는데, 건방지게 '내가 이 나이에 어디 가서 취직을 해! 내가 자존심이 있지!' 그런 멍청한 생각이나 하고 살았다. 세상에서 가장 절실하고 절박해야 할 사람이 그렇지 못한 것이었다. 왜? 이미 그 당시의 나의 뇌는 정상 작동을 못하고 온갖 악성코드와 바이러스에 감염된 쓰레기였기 때문이다.

지금 당신이 가난에 찌들어 있다면 한번 생각해봐라. 당신의 뇌는 지금 부자가 될 수 있는 아주 정상적인 뇌를 가지고 있는지 아니면 바이러스에 감염 되어 오작동 하고 있는 가난한 자의 뇌를 가지고 있는지.

내가 친구 사업장 가서 민폐만 끼칠 것이라는 자신감 결여와 잦은 실패와 부정적인 주변 사람들, 주변의 실패들로 무의식 깊숙이 뼛속까지 박혀있는 학습된 무능. 이것이 우리를 가난의 구렁텅이로 떨어뜨린다. 앞서 말했듯 내가 싫어하는 말 중에 하나가 겸손이다. 우리나라 사람들은 겸손이라는 명목하에 언제나 자신 없는 듯한 태도를 보인다. 그게 뼛속 깊이 박혀있다. 겸손이라는 뜻도 모르고, 겸손할 게 있어야 겸손한 거지, 무능력함과 자신감 결여가 겸손인 것처럼 착각하고 사는 사람들이 너무 많다.

내가 친구 사업장에 가면 친구가 주는 급여 그 훨씬 이상은 할 수 있다. 나를 데려가는 건 너의 축복이다. 너는 전생에 나라를 구했나 보다. 이런 자신감이 있어야지. 나는 아는 게 없으니 민폐만 될 거야. 도대체 이런 마인드로 무엇을 할 수 있겠는가!

자신감을 가져라. 학습된 무능에서 벗어나라. 스스로 한계를 만들지 마라. 다른 사람이 했다면 나도 할 수 있는 것이고 당신도 할 수 있다. 처음부터 잘하는 사람은 없다. 그렇기 때문에 한 단계씩 위로 또 위로 올라가는 것이다.

세상에 내가 나 자신을 믿지 않으면

어느 것도 할 수 없다.

믿는 만큼 이루어진다.

실패를 믿는 자는 실패하는 것이고

성공을 믿는 사람은 반드시 성공한다는

단순한 진리를 잊지 말자.

06

행동하지 않는 모든 말은 거짓이다

예전에 한 만화를 본 적이 있다. 내용은 충격적이었다. 사채 빚에 쪼들려서 협박을 받고 도망을 다니던 남자가 몇 년 만에 헤어진 어린 딸을 만나게 되었다. 그런데 그 딸에게 성매매를 시키면 많은 돈을 벌 수 있다는 것을 알았다. 처음에는 완강히 거절하고 딸과 함께 도망친다. 하지만 계속되는 협박과 이 현실에서 벗어나고 싶다는 욕망, 돈을 벌고 싶은 욕망이 그를 괴롭게 한다. 그러던 중 달콤한 이야기를 듣는다.

"그 딸과 지금 네 형편으로 행복하게 살 수 있을 것 같아? 일단 돈이 있어야지. 그리고 그 남자가 네 딸을 예뻐해서 더 좋은 환경을 만들어 줄 수 있잖아!"

'그래, 맞아, 이건 내 딸을 위해서야!' 아주 좋은 핑곗거리가 생겼다. 정신승리와 자기합리화를 하며 미성년자의 딸에게 성매매를 시키기 위해 그는 차를 몰고 호텔로 간다. 그리고 딸에게 말한다.

"아빠는 세상에서 너를 가장 사랑해!"

당신은 이 내용을 어떻게 받아들이는가? '그래, 저 아빠도 어쩔 수 없었을 거야, 딸을 위해서잖아, 돈은 있어야 하잖아.' 이렇게 생각하는가, 아니면 그냥 미친놈이라고 생각하는가? 뭐, 상식적으로 후자가 99%일 것이라고 생각한다. 그 남자는 딸을 사랑하는 것이 아니다. 자기 자신을 너무나 사랑한 것뿐이고 딸을 자신의 시궁창 같은 인생에서 벗어나게 해 줄 돈 벌이라고 생각한 것이다. 그러면서 '모든 것이 딸을 위해서야.'라고, 합리화를 하고 있을 뿐이다. 그냥 정신병자다.

나는 행동하지 않는 모든 말과 행동은 전부 거짓말이라고 생각한다. 친구랑 술을 마시는데 친구가 '우리 불쌍한 엄마, 내가 꼭 성공하고 효도해서 정말 행복하게 해줄 거야.' 하면서 운적이 있었다. 거기서 같이 맞장구를 좀 쳐줬어야 했는데, 이놈의 강사병이 도졌다.

"야! 어머니 그렇게 생각하면 너 술 처먹고 다닐 돈으로 용돈이나 드려, 한 달에 한 번은 전화는 하냐?"

이렇게 말했다. 서럽게 울던 친구는 갑자기 눈물을 뚝 그치고는 나한테 너는 말을 그따위로 하냐며 씩씩댔다. 아니 엄마한테 돈 벌어서 효도 한다는 놈이 일도 안 해, 맨날 엄마 카드 가져다가 어디 유흥주점 가서 양주 먹고 다녀. 그러면서 돈 벌어서 엄마한테 땅을 사 주겠다 효도를 하겠다고 하니 어이가 없어서 나도 모르게 그런 말이 튀어나온 거였다. 나한테는 그 친구의 눈물과 말이 그냥 술 먹고 하는 술주정으로 밖에 들리지 않았다.

내가 좋아 하는 말 중 하나가 '걱정과 감사는 돈으로 표시하라.'이다. 그렇게 걱정되고 그렇게 감사하면 말과 생각이 아닌 행동해야 한다. 그렇지 않으면 그건 거짓말이다. 이런 거다. 전교에서 꼴찌하는 애가 맨날 놀러 다니면서 '나는 서울대 갈 거야.' 이런 헛소리를 하는 것과 같다.

세상 사람들 다 부자 되고 싶고 다 부모님께 효도 하고 싶고 다 내 자식들에게 잘해주고 싶어 한다. 내 부모한테 안 잘하고 싶고 내 처자식들에게 고생시키고 싶은 사람이 어디 있겠는가? 다만 행동하는 사람과 생각하는 사람의 차이일 뿐이다.

뭐 이런 사례는 너무나 많아서 백 개, 천 개의 예시도 들 수 있다. 예전에 내가 알던 친구는 하루에도 몇 시간씩 자기 자식 사진을 보면서 자식 자랑을 했다.

"예뻐, 사랑스러워, 너도 봐봐."

다 자기 자식 예쁘지 안 예쁜 사람이 어디 있겠는가! 그걸 뭘 밖에 나와서까지 하루 종일 사진을 보고 남들에게까지 자랑 못해서 안달인가. 그리고 가장 놀라운 것은 하루 종일 자식 사진 보느라 일을 안 한다. 경제적 능력이 없다. 한 달, 한 달 살아갈수록 빚이 늘어나고 그만큼 생활은 더 빡빡해진다. 아이와 와이프에게 좋은 환경은 고사하고 너무나 안 좋은 환경 속에서 고생시키고 있다. 과연 이게 자식과 가정을 사랑하는 사람일까? 나는 강한 의심이 든다. 사랑에는 책임이 따른다. 가장 기본적인 원리조차 잊고 있는 건 아닐까 싶다. 뭐 어디까지나 그 가족들이 행복하다면 나야 할 말 없지만 내가 볼 때는 그의 아이와 와이프는 시간이 지날수록 전혀 행복해 하지 않을 것 같다.

나는 사람들이 흔히 입에 달고 사는 부자가 되고 싶다, 성공하고 싶다는 말은 거짓말이라고 생각한다. 그런 사람들이 생각하는 건 클릭 한 번 했는데 엄청난 돈이 쏟아지거나 주변에 누가 돈 천만 원만 맡기면 복리에 연 100% 수익으로 벼락같은 돈을 벌어다 주는 그런 것을 생각하는 것이라고 본다. 그리고 진짜 현실이 그렇다. 누가 주변에서 말도 안 되는 수익률로 돈 벌어다 줄 테니 투자하라고 하면 턱턱 돈을 잘 맡긴다. 그래서 우리나라 금융사기는 전 세계에서 다섯 손가락 안에 들어간다. 고생 없이 한 번에 이루어지는 일확천금. 그것이 행동하지 않는 사람들이 꿈꾸는 부자 되는 법이다. 대한민국 최고 명문대인 서울대를 문제집 한 권 풀고 가겠다는 것과 같은 생각이라고 본다. 그런 기적이 있다고 믿는다면, 중학교 때부터 고등학교 3년 까지 매일 같이 잠 안 자고 놀 것 안 놀고 공부에 목숨 걸고 서울대를 바라보는 사람이 너무나 억울하겠다는 그런 생각은 왜 안 하는가? 우리가 왜 정유라라는 인물에 분노했었는가! 다른 사람의 노력을 부모의 힘으로 모두 무너뜨리고 불공정과 불평등, 반칙을 일삼았기 때문이다. 그래서 사람들은 분노했다. 그런데 모든 사람들은 그것을 꿈꾼다. 기적, 불평등, 불공정을 말이다.

문제집 한 권 풀고 서울대 가는 일은 세상에 없다. 아버지가 대한민국 최상위 권력자가 아니라면 말이다. 즉 우리에게는 없는 일이다. 그럼 우리가 서울대를 가려면 어떻게 해야 할까? 기초부터 차근차근히, 잠 줄이고, 노는 거 안 놀고, 취미 생활 없이, 여가 생활 없이, 내 목표를 위해서 모든 것을 포기하고 최선을 넘어 혼신에 힘을 다했을 때 목표는 이루어지는 것이다. 내가 이것을 가장 옆에서 본 사례가 우리 형이다. 14살 중학생 때부터 32살이 넘도록 무려 18년이 넘는 세월 동안 우리 형은 인생의 모든 것을 포기하고 오로지 변호사라는 한 가지 꿈을 향해 달렸다. 창문도 없는 고시원에서 매일 같이 초시계를 누르면서 공부만 했다. 옆에서 보는 사람들이 괴로울 정도로 공부에 매달렸다. 그리고 결국에 형은 원하는 변호사가 되었고 좋은 로펌에서 근무하고 있다. 형이나 나나 우리 둘 다 취미가 없다. 두 형제가 나란히 꿈을 이루기 위해 달렸고 결국에는 꿈을 이루었다. 가끔 취미가 없는 내가 슬프게 다가올 때가 있다. 일을 안 하고 있으면 나도 모르게 너무 불안감을 느낄 때가 많다. 아무것도 없이 앞만 보고 달렸다. 그러다 보니 결국 꿈이 이루어지더라.

당신도 꿈을 이루고 싶다면 행동해라.

행동하지 않는 모든 말과 생각은 거짓말이다.

07

우는 사람보다 무는 사람이 되자

예전에 우리 아이가 나에게 이런 이야기를 했다.

"아빠, 나 어린이집 가는 게 너무 싫어."

"왜? 무슨 일 있어?"

"맨날 내 것 가져가고 나 때리는 ○○때문에 너무 스트레스 받아."

그래서 어떻게 했냐니까 선생님께 말했는데 선생님이 싸우지 말고 사이좋게 지내라고 했는데도 계속 괴롭힌다고 말했다. 그리고 너무 화가 나고 힘든데도 선생님이 싸우면 나쁜 사람이라고 해서 참긴 하는데 그게 너무 힘들다는 것이었다. 어린 아이 입에서 힘들고 스트레스 받는 다는 말이 나와서 너무

놀랐다. 순간 울컥했지만 침착하게 마음을 가다듬고 말했다.

"그건 사이좋게 지내는 것이 아니라 너는 지금 너 자신을 스스로 지키지 못한 거야. 그건 착한 것이 아니라 바보 같은 것이고 멍청한 거야. 그 친구는 앞으로도 널 계속 괴롭힐 거야. 처음 한번이 힘들지 그다음부터는 쉽거든. 널 괴롭히는 것이 재미있을 것이고 네가 아무런 대응도 할 수 없다는 것도 알았어, 그리고 선생님들한테 말해도 별 상관없다는 것도 알았을 테고 말이야. 그리고 앞으로는 점점 더 심해질 거야. 그래도 괜찮겠어?"

아이는 안 된다고, 절대 싫다고 대답했다.

"널 괴롭히는 사람에게는 어떤 방식으로든 강하고 단호하게 알려줘야 해. 날 괴롭혀서는 안 된다고 말이야. 나를 건드리지 말라고. 그게 용기 있다고 하는 것이고 당연한 거야. 그렇게 할 수 없다면 착한 것이 아니라 바보 같은 거야. 착한 사람이 되고 싶다면 네 자신부터 지키고 그 아이가 다른 아이를 괴롭힐 때 도와줄 수 있는 것이 착한 거야. 이 문제는 너 스스로 해결해야 하는 거야. 널 괴롭히는 사람이 나타날 때마다 선생님께 말할 거야? 그리고 말해도 지금처럼 달라지는 건 없는데도?"

그러니까 아이는 알겠다고, 다음에 또 그러면 발로 차버리겠다고 했다. 그래서 이왕 때릴 거면 코를 때리는 게 더 확실하다고 농담처럼 진심을 말했다.

물론 폭력은 잘못된 것이다. 그리고 내 교육이 잘못되었다고 생각하는 사람도 있을 것이다. 하지만 이게 내가 가진 생각이고 나의 철학이다. 나는 이렇게 우리 아이들을 가르칠 것이다. 성인이 되어서도 어렸을 때부터 주입받아 온 착한 아이 콤플렉스에서 벗어나지 못하는 사람들이 꽤나 많은 것 같다. 덕분에 본인이 멍청한 호구인지 아니면 착한 사람인지조차 구분하지 못한 채 스스로를 희생시키고 자신이 힘든 모든 이유를 착하기 때문이라는 말로 위안 삼아버린다.

착한 사람에게는 복을 주지만 멍청한 호구에게 복을 줄 만큼 세상은 호락호락하지 않다는 것은 모두 알고 있을 것이다. 매력 있는 사람, 멋진 사람, 성공한 사람, 호감을 주는 사람, 능력을 가진 사람, 뚜렷한 개성을 가진 사람들에게는 복을 주지만 무작정 착하기만 한 사람에게 복을 주는 세상은 아닌 것 같다. 적어도 내가 살던 세상 지금 우리가 사는 세상에서는 말이다.

내가 감명 깊게 보았던 드라마 중 〈미스터 션샤인〉이라는 작품이 있다. 권력자들에게 힘없이 당한 채로 울고 있는 아이에게 주인공은 이렇게 말한다.

"앞으로는 어느 누구든 너를 해하려 하면, 울기보단 물기를 택해라."

나는 이 대사를 들으며 박수를 쳤다. 이 작가는 천재구나! 예전 우리 어르신들이 말하지 않았는가. 억울하면 출세하라고. 나는 너무나 공감한다. 내가 힘이 없는 채로 누군가의 호의나 선택을 기다리지 않겠다. 내가 스스로 힘을 길러서, 성공해서 남들을 선택하겠다. 내가 호의를 베풀어 주겠다고 말이다. 어린 시절부터 주입 받아 온 착한 어린이 콤플렉스를 벗어나고 있지 못하는 어른들이 생각보다 많다.

자신이 호구인지, 착한 사람인지도 구분 못하고 다른 이의 감정적, 경제적으로 희생양이 되어주고 희생당하고 있으면서도 나는 착한 사람이니까, 라는 정신 승리를 하고 있다.

자신이 힘없는 것을 착하다고 착각하지 말자. 당신이 남들에게 아무리 희생을 당하고 몸이 가루가 되어도 남들은 당신을 착하다고 하지 않는다. 하지만 내가 세월호에 기부를 하고 택배 노동자들을 위해서 기부를 할 때, 내가 힘없는 사람들에게 도움의 손길을 내밀어 주고 도와주면 사람들은 나를 착하다고 한다. 수강생들과 독자들, 구독자 분들인 소대장님들에게 일주일에 최소한 2개 이상의 감사의 선물을 받는다. 사실 말이 2개지 수도 없이 들어온다. 음식부터 명품, 순금 열쇠까지 수많은 선물을 한 달에도 몇 개씩 받는다. 나에게 감사하기 때문이다. 내가 가진 것을 베풀어주기 때문이다. 이게 진정으로 착한 것이다. 그리고 이제는 과거의 나처럼 다른 사람들에게 아쉬운 소리를 할 필요도 없고 누군가의 선택을 기다릴 필요도 없다. 일을 하다가 재떨이를 맞고, 월급을 안주는 사장에게 개 맞듯이 맞아도 아무런 저항도 하지 못하는 그런 일은 더 이상 벌어지지 않는다. 우는 사람이 아니라 물 수 있는 사람이 되었기 때문이다.

세상은 우는 사람을 원치 않는다.
힘 있는 사람, 성공한 사람이 되어서
당신 자신과 당신이 사랑하는 모든 사람들을 지키고
행복하게 만들어 주자.
그것이 정말로 우리가 꿈꾸는 멋진 삶이고
진정한 성공이 아니겠는가.

에필로그

죽지 않는 모든 고통은 나를 더 강하게 만든다

부모님의 이혼, 연쇄적으로 터져버린 어머니와 아버지의 사업 부도, 자퇴, 어린 시절 사회에서 맛보았던 처절함과 무서움, 영업을 하면서 믿었던 고객에게 당하는 배신, 가장 따랐던 형에게 당한 사기, 사업을 하면서 믿었던 직원의 배신, 신고, 매출처의 부도, 갑자기 광우병으로 끊겨버린 물량, 사업을 하면서 수도 없이 겪어야 했던 고통과 시련, 부도, 신용불량자, 이혼, 빚쟁이를 피해 공원에서 잠을 자고 병원에서 잠을 잤던 노숙생활, 아무것도 하지 못하는 잉여 인간, 알코올 중독자, 하루 두 갑의 담배를 피우던 골초, 다시 재기를 꿈꾸었지만 어쩔 수 없었던 현실의 벽, 갚아도 갚아도 끝이 보이지 않는 빚, 나아지지 않는 생활, 칠흑같이 어두운 미래, 사람들의 무시와 괄시, 줄여야 했던 잠, 투잡, 쓰리잡, 과로로 인한 잦은 병치레, 빵점짜리 아빠, 자식을 책임지지 못한 슬픔과 고통, 모든 것을 버리고 오로지 돈만을 위해 미친 듯이 일해 온 몇 년의 시간, 그 후 찾아온 공황장애, 사람들에 대한 공포, 지워지지 않는 가난의 트라우마, 돈을 벌수록 생겨나는 루머와 적들 등등.

인생이라는 시간은 하루하루가 고난과 기쁨의 반복이다. 우리 집 창문으로 바라보는 야경은 대한민국 최고의 풍경을 자랑한다. 하루는 그 풍경을 바라보고 있는데 이런 생각이 들었다. 지금 저 도로에서 아름다운 불빛을 내어주고 있는 사람들은 어떨까? 꽉 막혀서 움직일 생각을 하지 않는 도로위의 저 사람들의 마음은 지금 고통과 짜증, 그 자체일 것이다. 하지만 나는 지금 저 풍경이 너무나 아름답다.

멀리서 보면 희극이요, 가까이서 보면 비극이다. 참 우리에게 어울리는 명언이다. 사람들은 다른 성공한 사람의 인생을 마냥 부러워하기만 한다. 하지만 그 사람이 그곳까지 가기 위해서 얼마나 많은 것들을 포기하고 시련과 고난을 이겨냈을지는 생각 안 한다. 현재의 아름다운 모습만을 본다.

예전에 힘들 때마다 혼자서 했던 생각이 있다.

'죽지 않는 모든 고통은 나를 강하게 한다. 신이 나를 더 강하게 키우려고 이런 시험을 내주는 것이다.'

그렇게 혼자서 허세 잔뜩 섞인 생각을 하며 하나씩 이겨내고 또 이겨냈다. 누군가는 나의 이 생각을 아니꼽게 생각할 수도 있다. 하지만 나는 지금도 이 말은 진리라고 생각한다. 편하게 살고 싶으면 그냥 집에서 먹고 자고 아무것도 안하면 된다. 그럼 인생은 편하다. 하지만 꿈과 목표가 있다면 스트레스와 시련은 당연히 찾아오는 필수 조건이다.

사자는 자기 새끼를 절벽에서 떨어뜨린다고 하지 않는가. 당신도 당신 스스로를 극한까지 밀어붙여봐라. 극한에 상황까지 가봐야 당신이 개가 될지 늑대가 될지 사자가 될지 알게 될 것이다.

포기하지 마라. 극한의 상황까지 가지 않고서 얻어낼 수 없는 건 없다. 두려워하지 마라. 어차피 꿈이 있는 사람에게는 인생에서 겪어야 할 필수 조건이다. 당신에게 찾아오는 그 수많은 고통이 당신을 더 강하게 그리고 더 멋지게 만들어 줄 것이라고 믿는다. 그리고 나는 당신이 사자가 되길 바란다. 그래서 우리 함께 더 높은 곳에서 만나서 웃으면서 소주 한 잔 하게 될 그날을 기다리겠다.